湛庐 CHEERS

与最聪明的人共同进化

HERE COMES EVERYBODY

耐心等待 是一种 养育智慧

李桂花 译
[韩]全平国 著

우리 아이
수학 영재
만들기

中国纺织出版社有限公司

你知道如何培养孩子的数学思维吗？

扫码激活这本书
获取您的专属福利

扫码查看全部测试题及答案，
获得更多培养孩子
数学思维的方法

- 《耐心等待是一种养育智慧》的作者全平国教授是数学教学与研究专家，他在给女儿启蒙数学思维方面也有自己独特的方法。他的启蒙方式是：（ ）
  A. 关注孩子关于数学的疑问
  B. 有意识地提一些"有目的"的问题
  C. 耐心等待孩子说出自己的想法，自己找到答案
  D. 以上全部

- 孩子越早学会数数，就越有利于培养数学思维，这是对的吗？（ ）
  A. 对
  B. 错

- 以下哪种游戏更有利于培养孩子的空间感？（ ）
  A. 涂鸦
  B. 折纸
  C. 唱歌
  D. 数数

扫描左侧二维码查看本书更多测试题

推荐序

智慧的养育，丰硕的成果

在漫长的人生之路上能与全平国教授相识相知，对我来说是件莫大的幸事。

这本书的作者全平国教授在小学和中学任教期间，就积累了许多数学教学和研究上的宝贵经验。在韩国教育开发院任职期间，他围绕数学教育理论与实践开展了多项课题的研究，还在美国著名的匹兹堡大学获得了数学教育的博士学位。在我的眼里，他是一位在行业内相当有建树的学者，对数学教学具有独到的理论和经验。

因为他这个朋友，神秘的数学教育在我的脑海里变得日益清晰，使我在数学研究道路上得到了更加成熟的理论启蒙。从全教授的女儿身上，我也亲眼见证了他的教育理念是如何播种并开花结果的。

当年，在全教授一心扑在数学教育相关的研究课题上时，他的女儿呱呱落地。作为一名出色的教育家，他对女儿的成长投入了极大的关注和精力。毫不夸张地说，全教授对女儿说的每一句话、提的每一个问题，都要事先经过一番仔细斟酌。全教授的女儿从小就表现得卓越不凡，后来她进入全球著名的麻省理工学院，成为一名出色的工程师，这都是全教授对女儿持之以恒地进行智慧养育而获得的成就。

在这本书里，全教授真实再现了他对女儿在习惯和思维方面进行的积极引导与智力开发，以及他为女儿苦心营造的数学氛围。难得的是，这些教育方法都是在日常生活中就可以进行操作的。他的教育思路清晰缜密，实践方法简单易学，可操作性很强。相信读了这本书，您也会信心大增："按照这些方法，我也可以试一试。"

推荐序　智慧的养育，丰硕的成果

在过去的一段时间里，我不断"怂恿"他将自己的教育方法编写成书，看到这本书终于顺利出版，我由衷地感到喜悦和激动。我相信，本书将为广大家长朋友和众多的数学教育工作者带来全新的教育理念。全教授历时 20 多年苦心研究和积累的宝贵经验都凝聚在这本书中，它就像夏日清凉的井水，为那些受困于子女数学教育的家庭带来了甘甜清新的滋味。

申炫容
韩国首尔教育大学名誉教授
韩国数学教育学会前任主席

自序

道路漫长，未来光明

　　近几年，在韩国流行一个词叫作"数抛者"，意思是对数学已经不抱希望、彻底放弃的学生。每当有家长问我"怎样才能让孩子学好数学"的时候，我都会回答："学数学好比是在爬山，我们可以仔细去想一想自己登山时的状态。"

　　爬山不能指望别人，必须靠自己。当然，力不从心时我们也可以伸手求助身边的人，但独自爬上山顶时的那种快感是任何事物都无法替代的，学数学也需要和登山一样的过程。我认为，家长无权剥夺孩子在数学挑战之路上体验登顶

自序 道路漫长，未来光明

的快乐与成就感的机会。

我在养育女儿的过程中有一个雷打不动的原则，就是给孩子独立思考的机会。当女儿向我提问时，我不会急于给出答案，而是鼓励她自己去思考："你自己好好想一想为什么会这样呢？"然后我会耐心等待，直到孩子独立寻找到答案。而让我们始料未及的是，这个简单得说不上是方法的"原则性坚持"，竟然为我们带来了无数惊喜。女儿的独立思考能力、独立性、表达力、毅力……都得到了明显提高。当然，回应孩子的疑问时，我们也要讲究方式和方法，真诚对待，而不是随便回一句就了事。家长有义务引导孩子养成带着疑问去探索答案的习惯。

作为父母，我们可以牵着孩子的手领略五彩斑斓的世界，激发孩子无穷的好奇心和求知欲。我们要鼓励孩子凡事自己多试一试，而不是依赖父母，哪怕孩子摔倒了，我们也尽量鼓励孩子在哪里跌倒就从哪里爬起来。告诉孩子，当你坚持不懈地去做一件事情时，必然会精诚所至，金石为开。我们该尽自己最大的努力，给孩子创造更多的自我尝试的机会，陪孩子体验数学的乐趣、积累数学的知识。对于数学而言，确实有必要时常练习，但机械式重复练习只会让孩子产生逆反心理，过犹不及。所以，我认为家长把心思放在如何让孩子从小就亲近数学，消除孩子对数学的恐惧心理上，远比手把手亲自教授或者做无意义的重复练习有意义得多。

很久以前，在出版社工作的挚友就多次向我提议将培养女儿的经验著书出版，并且罗列了若干听起来相当不错的出版方案，但我并没有立刻同意。我担心自己和孩子的故事一旦成书，就会变成另外一种教子模板，误导读者朋友，而且，我也不想拿女儿做文章，到处炫耀。

但当我深切感受到每一位父母在子女教育问题上都与我有着同样的烦恼，而很多孩子在数学入门阶段就早早磨灭了学习数学的兴趣时，也着实让我感到可悲又遗憾。

于是，经过深思熟虑之后，我还是决定将我们的故事记录下来，提笔著书，把女儿的成长经历分享给各位家长朋友们。此外，我能为家长朋友们提供的另一项帮助就是与数学相关的教育经验。因此，我在这本书中倾注了一个数学教学者的大量心血。

自序　道路漫长，未来光明

女儿在数学与科学领域展露的才华，以及她能在麻省理工学院专攻机械工程专业，这都与我们从小为她营造的数学环境有关。需要强调的是我所讲的"数学环境"并非参加培训班或者昂贵的课外辅导、大量地做习题等，而是我们家长应该启发孩子的好奇心，鼓励孩子多提出问题并独立寻找解决方案，即为孩子营造一个养成数学思维的学习环境。

也许是职业习惯所致，我对于孩子们平时会有哪些有关数学的疑问，以及生活中如何表达这些疑问非常关注，因此在养育女儿的过程中我也会有意识地提一些"有目的"的问题。**但是，我并不会强行做出所谓的标准解答，也不会急于解释和说明，而是鼓励她尽可能清晰地说出自己对这个问题最直观真实的想法，然后我再耐心等待，直到她找到答案。**这本书里提到的我曾和女儿亲身实践过的种种"数学实验方法"，希望能够给那些对数学引导一筹莫展的家长们带来些许帮助和借鉴。

我之所以著此书，其实也源于一个朴素的个人愿望，那就是把我们夫妻共同养育女儿的经历和感受，对她进行的种种品德教育以及女儿的成长点滴，用文字的形式记录下来，让它定格在美好的时光里，这应该是一件很有意义的事情吧。对于女儿的将来，她将面临何种挑战抑或是收获何种成就，我不想去预测。我深信，在我们的悉心教导下，女儿一定会成为一个人生目标清晰、懂得珍爱自己、懂得生活真谛的幸福的人。

这本书从策划到出版得到了长尾出版社李秀英董事等人的热心帮助，借此向他们表示诚挚的谢意。除此之外，还要感谢我的妻子和女儿对我此次写作工作所倾注的无私的爱和热情，以书示爱。

人们都说，在当今时代要培养出一个优秀的孩子太困难了，没有一定的经济基础就无法为孩子提供良好的教育，但当我自己养育孩子以后才发现事实并非如此。**作为家长只要心中充满信念与热情，无论你有没有强大的经济实力，都能将孩子培养成才。**我真诚地希望能与各位家长分享我的育儿观念和教育热情。

目 录

1
品格教育是早期教育的关键

把理想变为现实，需要坚持并全力以赴　　　　　　　　/003
因为深爱，才舍得在温室外养育　　　　　　　　　　　/013
　　养育之道 | 如何培养孩子的独立性　　　　　　　　/019
从危机和失败中，也能获得成长的力量　　　　　　　　/022
　　养育之道 | 如何教育孩子面对失败　　　　　　　　/028
女孩的世界，与男孩的一样充满可能　　　　　　　　　/031
面对原则问题，不因孩子小或发脾气而妥协　　　　　　/035
和孩子谈心，更需要父母的耐心和用心　　　　　　　　/039
　　养育之道 | 如何与孩子谈心　　　　　　　　　　　/043

2

习惯与态度决定人生的差异

培养专注力和毅力，要从小开始	/049
养育之道 ｜ 如何培养孩子的专注力和毅力	/053
最好的学习法，除了玩耍还是玩耍	/056
学龄前养成的好习惯，会让孩子受益一生	/061
养育之道 ｜ 如何培养孩子良好的学习习惯	/066
丰富学习生活，全力支持孩子的课外活动	/069
激发旺盛的求知欲，也有方法	/074
孩子身边的一切，都能成为最好的教材	/081
养育之道 ｜ 如何在生活中启发孩子的好奇心	/085
没有表达出来的想法，算不上想法	/088
养育之道 ｜ 如何锻炼孩子的表达能力	/093

3
在生活中耐心启发数学思维

喜欢独立思考的孩子,会和数学成为好朋友	/099
养育之道 | 如何培养孩子的独立思考能力	/106
培养数学兴趣,用玩具就做得到	/110
养育之道 | 如何用玩具培养数学思维	/121
正确地数数,在日常生活中自然学会	/124
养育之道 | 如何正确帮孩子学会数数	/128
测量工具,学习数学概念的好帮手	/132
养育之道 | 如何帮孩子在生活中理解量的概念	/137
时间概念,引导孩子自己悟	/140
养育之道 | 如何帮孩子认识时间	/147
守恒概念,试错越多就领悟越快	/150
养育之道 | 如何带孩子在生活中理解守恒概念	/159
加法和减法,最忌讳的是硬教	/164
养育之道 | 如何引导孩子快乐地学习加减法	/171

乘除法，在潜移默化中练就思维模式　　　　　　　　/176
　　养育之道｜如何在日常操作中帮孩子理解乘除法　　/181

分数，早接触早受益　　　　　　　　　　　　　　　/183
　　养育之道｜如何帮孩子在生活中认识分数　　　　　/187

小数，抓住生活中的提问时机　　　　　　　　　　　/189
　　养育之道｜如何在孩子幼儿期引入小数概念　　　　/193

多位数认读，从身边找素材　　　　　　　　　　　　/196

空间感，从游戏和经验中培养　　　　　　　　　　　/201
　　养育之道｜如何培养孩子的空间感　　　　　　　　/205

要想学好数学，复习比预习更重要　　　　　　　　　/210

关于各种数学教育方法，其中的真实与谎言　　　　　/217

天才不是童年注定，笑到最后才是胜者　　　　　　　/225

附录1
把握孩子的黄金期，培养十大关键能力　　/233

附录2
适合不同年龄段孩子的数学游戏　　　　　/239

1

品格教育是早期教育的关键

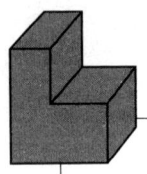

只有当品格教育成功实现时,才能和智力教育相得益彰。如果一个人没有优秀的品质,再出众的才华与智慧也难以长久。

# 把理想变为现实，
需要坚持并全力以赴

独自开辟的异国求学路

女儿打来了电话："爸爸，我考上麻省理工学院了！"

女儿首次提出要去美国留学是在她初中二年级的时候。有一天，家里收到了来自美国一所私立高中的"入学指南"。一开始我以为是我那些在美国留学的学生发来的信件，不过拆开信后才发现申请人一栏里赫然写着女儿的英文名字。

女儿看到信后兴奋地说："哦？真的发过来了，我还以为他们只是说说而已……"原来是女儿自己向校方提交了

入学申请。当我询问女儿申领"入学指南"的理由时,她认真地说高中不想在清州读了。虽然我已猜出了几分,但还是继续询问她:"那你想去哪里读书呢?"女儿低头默不作声。我接着问:"是想去美国读书吗?"女儿这才抬起头,用企盼的眼神望着我。

女儿出生在美国,那时我正在美国留学,直到她两周岁时我们才回到韩国。后来,女儿上小学四年级时,我以研究员的身份带着她又去美国生活了一年。一开始,女儿由于极不适应美国的学校生活而吃尽了苦头,可是过了一年,当我们即将回韩国时,她不但已习惯了美国的校园生活,甚至还表示想要继续留在美国读书。原来,女儿不仅适应了美国的校园生活,还非常留恋学校的各种特色课外活动。为了说服女儿回国,我承诺等女儿上高中时再送她到美国读书。

意想不到的是,当年的约定,女儿一直都铭记在心。那天晚上,我们夫妻彻夜未眠。在我们心中,女儿还是个小孩子,没想到她已经能够独立制订自己的未来计划了。作为父母,我们为拥有这样的女儿感到格外自豪,同时也担心自己能否帮助孩子实现这个愿望。妻子说只要女儿愿意,哪怕倾

1 品格教育是早期教育的关键

家荡产也要送她去美国上大学、读研究生。

其实，在女儿反复阅读洪政郁的著作《七幕七章》的时候，我就已经做好一些心理准备了。女儿经常跟我们说洪政郁读中学时就去了美国，并且以优异的成绩完成了哈佛大学的学业，最终成为先驱媒体的首席执行官，女儿扬言她自己也要像洪政郁那样去留学，去拥抱更广阔的世界。我知道那绝对不是女儿单纯的、幼稚的想法，也不是对于留学的一种茫然的憧憬。因为女儿已经在美国经历过一年左右的学校生活，在她幼小的心灵里，那个具体而清晰的留学梦早已经扎根了。

即便如此，面对女儿的"留学宣言"，我们还是不免慌张了一阵，因为一直以来我们都认为，女儿去留学至少应该是三四年以后的事情。我们讨论了半天也没有得出什么结论。妻子叹了口气说，孩子英语水平还很差，而且年纪太小，现在就去美国留学实在让人放心不下……当妻子决定投反对票时，我脑海里立即浮现出女儿一脸失望的样子，曾经与女儿的约定也让我坐立难安。虽然我也有与妻子类似的想法，但内心深处还是认为应该支持、尊重孩子的决定。于是，我说服妻子支持女儿："老婆，过去我们都兑现了对孩子做过的承诺，既然已经答应过送她去美国读高中，我们不能违背自己的诺言啊。"

女儿去美国留学的事情就这样定了下来。她高兴得手舞足蹈，马上开始着手留学前的准备工作。那年七月，她独自飞往美国，在暑期学校完成了五周的学习课程。女儿小学四年级时虽然已经学习了一些英语，但以她现有的英语水平要完成高中课程还是有些困难。女儿以前也上过英语口语班，但那些课程实在让人提不起兴趣，女儿很快就放弃了。之后除了写英文日记以外，她就再也没有专门学习过英语。这次能够利用暑期学校学习英语，既能提高女儿的英语水平，又能了解当地的习俗与文化，真可谓一举两得。

从选择学校到办理入学手续，都是女儿自己一个人完成的。其实这些事情对她来讲也是一个摸索与学习的过程，所以我一直没有干预太多。看到女儿认真准备的样子，我突然觉得她长大了，可以独立应付留学生活了。

不过女儿在暑期学习班的表现还是让我有些担心与疼

惜，电话那头传来女儿的声音是那么无助与疲惫："爸爸，我的英语水平在我们班是最差的。"

她明明是事先通过测试合格后进入的高级班，但好像还是很不自信。我在韩国为孩子呐喊加油，但心里却忍不住开始担忧：现在送孩子去留学会不会为时过早？我心里有些后悔当初为什么没有让孩子多学点英语。

不过这些担忧只是杞人忧天而已。女儿只是最初几天的学习有些吃力，之后很快就适应了当地的生活节奏，英语水平也突飞猛进。五周后，回国的女儿看起来格外开朗。望着对未来留学生活充满自信的女儿，我们稍稍放下了不安的心，甚至开始相互安慰："女儿这么优秀，肯定能安排好留学生活的。"

这期间还出现过一个小插曲，由于我们从做出决定到筹备留学耽搁了太多时间，因此错过了一所女儿心仪的美国私立高中的报名时间。无奈之下，我们决定先进入公立学校，过一段时间再转学到私立学校。

耐心等待是一种养育智慧

现实生活的挑战

在女儿初三毕业那年的夏天，妻子陪女儿一起踏上了前往美国的留学之路。据妻子说，自从踏上美国国土的那一刻起，女儿便活跃起来。从申请电话卡、水电煤气等日常生活事宜到妻子的美国驾照申请，所有的事情都由女儿有条不紊地去办理。妻子只要为孩子准备好一日三餐就可以了，这让妻子直呼自己简直不配做孩子的监护人。

至于学校生活，女儿也适应得很快。本来我们还一直担心她听不懂老师讲课，结果对于上课，女儿一点儿问题都没有，而且很快就和当地的同学打成一片。这可能缘于她曾有过在暑期学校学习的经历。在此之前，妻子曾非常担心女儿会不会没有朋友，担心陌生的美国环境、歧视，会让正值敏感青春期的女儿焦头烂额。可女儿的表现却大大出乎我们的意料，她的留美生活与在韩国时没有太大区别，不仅和同学相处得特别融洽，而且很快就结交了一个"闺蜜"。遇到困难时，她也会落落大方地请求朋友们的帮助，而她的朋友们也都非常乐意伸出援助之手。女儿自信、大方、热情以及积

1 品格教育是早期教育的关键

极主动的处事风格，为她顺利地进行社会交际起到了决定性作用。

适应了新的学校生活后，女儿马上就着手准备私立高中的入学申请事宜。不过这次我们却遇到了意想不到的困难，私立高中的学费高得令人咋舌，一年的学费高达2.8万美元。我在送女儿去美国留学前竟没有想到去了解学校的学费，即便现在回想起来也觉得荒唐至极。我们没有想过美国私立高中的学费竟然会那么昂贵，校方还理所当然地以为我们完全承担得起，我真是太疏忽了。

高昂的学费确实让我们感到为难。作为父母虽然难以启齿，但却不得不告诉女儿，我们可能要放弃私立高中了。不过女儿并没有轻易放弃，她说只要我们能够提供给她第一年的学费，下一年起她会依靠自己的努力申请奖学金。这能怨谁呢？一直以来我都是教育她"凡事一旦决定，就要坚持下去，不要轻言放弃"，而如今我却做了那个首先放弃的人，我为自己的不战而退羞愧难当。既然孩子要坚持下去，作为家长当然没有理由放弃了，我们决定全力以赴支持孩子的选择。

得到我们的支持后，女儿马上着手筛选合适的学校，她最终决定申请离波士顿不远的诺斯菲尔德北野山私立高中，那是一所有极高概率能升入常春藤大学的学校。非常幸运的是，学校接受了女儿的入学申请。更令人兴奋的是，校方承诺以孩子现有成绩，继续努力的话，得到奖学金应该不成问题。大概是女儿精心准备的自荐书和在公立学校时的优异成绩发挥了作用吧。就这样，从高中二年级开始，女儿如愿地得到了相当于学费加寄宿费全部费用的奖学金。曾经因高额学费致使我差点放弃让女儿留学的那段经历，在现在看来，竟成了一段"快乐的小插曲"。

私立学校与公立学校在学习方式上有所不同，女儿的生活节奏也变得异常紧张。听说这所学校云集了全球各地的优秀孩子，现在看来果真如此。美国寄宿学校一般都有"家长开放日"，在这一天，家长可以参观孩子的宿舍并了解孩子的学习情况。在家长开放日见到女儿时，我感到一阵阵心疼。女儿寝室的墙上贴满了课程表及学习计划，每一个字符都真实地传递着她珍惜一分一秒、认真学习的强烈意愿。认真记录的笔记本、磨破的教科书再一次印证了女儿的学习生活有多么紧张。她不甘落后于拥有良好学习环境与优质教育资源的美国孩子，尽一切努力让自己在这里站稳脚跟。

又过了一年，女儿已经完全适应了新学校的生活。她在各方面都如鱼得水，每天过得都十分开心。管弦乐团、冰球、曲棍球、数学俱乐部、撑竿跳高、义工活动等在韩国没有条件去参与的各种特色课外活动，如今在美国的日常学习中都能一一实现，我可以想象女儿有多么开心。无论是学习还是特色课外活动，她都全力以赴，无怨无悔。

女儿在这所私立高中度过了梦幻般的两年，在紧张激烈的学习生活中圆满完成了学业与课外活动，之后她顺利获得了梦寐以求的麻省理工学院的入学通知书。

如果一定让我为家长朋友们提出一些有价值的养育建议，那么我想说的不是女儿的早期留学或麻省理工学院的入学经历，而是我们要在日常生活中培养孩子优秀的品质。**只有当人性教育成功实现时，才能和智力教育相得益彰。如果一个人没有优秀的品质，再出众的才华与智慧也难以长久。**

在女儿小时候，我就告诉她要与大家和平相处，要成为心中有爱、关心他人的人。无论遇到何种困难,都要想办法自己解决。

我为拥有这样一个优秀的女儿感到无比自豪,但这绝不仅仅是因为女儿顺利考入麻省理工学院,更重要的是她具有了通过自己的努力实现留学梦想的挑战精神。女儿从踏上留学之路起就表现出的独立自主精神,以及为了实现理想而付出的泪水与汗水,都让我格外感动与自豪。

 因为深爱,
才舍得在温室外养育

坚强睿智的处世能力

那是女儿刚到美国公立学校上初中三年级时发生的事。当时妻子与女儿同住在洛杉矶的一栋公寓里,有一次由于浴室里的热水器突然爆裂而导致妻子被热水烫伤。虽然伤势并不严重,但刚到美国不久就遭遇这种突发事件,还是让妻子和女儿惊吓不已。

不过令人欣慰的是,女儿在送妈妈去医院急诊的一片忙乱中,也没忘记带上妈妈的旅游保险,而且女儿到达医院后,马上就与韩国保险公司取得了联系,迅速解决了治疗费

等相关事宜。能够如此冷静、快速地处理突发事件，对一个15岁的女孩来说实属难得，何况还是身在异乡。

让我吃惊的事情又接连不断地发生。当时妻子与女儿居住的公寓有专门的物业公司为业主服务，不过在妻子受伤之后的两周里，他们没有探访过一次，这当然是极其不公的待遇。但妻子实在想不出应该怎样处理这件事，所以只好忍气吞声。女儿的做法却完全不同，她认为这分明是西方人的歧视，便天天打电话抗议。一开始，物业公司总是以负责人不在为由进行推脱。不过女儿并没有放弃，每天拨打电话，要求负责人接听，直到有一天物业公司不得不让步。当他们得知女儿只有15岁时，都不禁啧啧称奇，并承诺："负责人会在明天上午给你打电话，有什么要求可以直接跟负责人讲，我们会尽力配合。"这时女儿又提出了一项要求："我妈妈英语不好，我明天下午三点半才能放学回家，请在三点半以后打电话吧！"令人欣慰的是，这件事故得到了妥善解决，母女俩从物业公司得到了6800美元的事故赔偿费，这个数额足以支付母女俩的公寓租金了。

还有一次，妻子的签证即将到期，若想继续陪读，必须办理签证延期手续。大多数人都选择缴纳 120～300 美元手续费委托律师办理。而女儿却反对花这笔冤枉钱，说要自己去办签证延期手续。女儿给移民局打电话咨询后，详细记录了需提交的文件并逐一准备。果然不出所料，女儿成功地为妻子办理了签证延期的手续。

女儿羽翼已丰满，不再是需要我和妻子时刻呵护的那个小孩了。相比每次考试获得的好成绩，女儿这种坚强与睿智的处世能力更让我感到欣慰。

锻炼自理能力的机会

女儿常被人误以为是多子女家庭中的长女。这也许与她做什么事情都表现得十分沉稳，办事有条不紊有关吧。事实上，我在 43 岁时才有了这个女儿，她是我们唯一的孩子。我们这个大家族的女孩本来就少，而且她与最小的堂哥也相差 15 岁之多，所以在家里本是个名副其实的"小公主"。

但我和妻子丝毫没有将女儿娇惯成公主的想法，甚至时刻提醒自己万万不能因为在不惑之年得到女儿而过分宠溺她。我们可不想听到周围的人在背后指指点点："真是娇惯得离谱，再怎么疼爱女儿也不能教育成那样啊。"因而只要有和小伙伴共处的机会或者锻炼女儿自理能力的机会，我们绝不会错过。

在女儿小时候，我们就经常带她去公园等公共场所接触各种各样的人，而且从小学开始就送她去参加女童子军露营。即便是有一定危险性的活动，只要女儿愿意，我们都会支持她参加。与其让她做个胆小娇气的孩子，还不如让她在磕磕绊绊中成为花木兰一样英姿飒爽的女孩。而且在我们家里，家长帮助孩子完成作业更是根本不可能的事情，若有不会做的习题，我们也会鼓励女儿自己查找参考书、查阅资料独立解决。像打扫房间、刷拖鞋、准备学习用具等，我们都要求她独立完成。

过去的老人们越是疼爱孩子，越是会给孩子起"狗蛋儿""狗剩"这样听上去比较卑贱的乳名，认为过度宠爱孩子容易引起他人的反感，对孩子的成长不利。我认为我们应该学习老人们的贤明做法。那些妈妈不在家连饭都吃不上的孩子，认为写作业当然要有父母帮助的孩子，只要遇到一点儿困难就轻言放弃的孩子，离开父母的温暖臂膀就寸步难行的孩子……他们身后一定会有一个把孩子娇宠成小公主或小王子的家长。

我至今仍旧记得第一次教女儿学骑自行车时的场景。当时我心里忐忑不安：她摔倒了怎么办，会不会受伤……但我一直强忍着焦虑，没有表露出来，反而教育女儿："学习骑自行车没有不摔倒的，只有摔倒、受伤，再站起来重新骑，才能学会。所以就算摔倒了也不要哭。"

女儿遵守了我们的约定，学习骑自行车期间一次也没有哭过。有一次，她骑车摔倒后蹭破了膝盖，胳膊肘一片瘀青，也强忍着没有流一滴眼泪。

父母不可能一辈子都跟在孩子后面作保护。我们可以视孩子如珍宝，但不能一味地捧在手心，这正是我们做父母的责任。因为深爱，所以眼看着孩子摔倒、受伤也只能克制自己不去帮扶，这才是做父母的艰辛和伟大之处啊！

耐心等待是一种养育智慧

　　慢慢松开紧握自行车的手,怀着忐忑不安的心情,望着孩子笔挺的背影掠过路旁的树荫,我们能做的也仅仅是这些而已。无论是斜坡还是石子路,能不能把握好骑行的重心,关键还要靠骑在自行车上的孩子自己啊!

养育之道

如何培养孩子的独立性

● **不要排斥孩子挑战新事物**

当我们的角色转换为父母时，就会变得格外担惊受怕，而孩子其实远比我们想象的更坚强，他们不惧怕挑战新事物。初生牛犊不怕虎，就算失败了、受挫了，又何妨？其实让孩子在尝试新事物时经历一些失败与挫折未尝不是一次很好的学习机会。只要孩子愿意，就应该给他们提供挑战的机会。

当然，如果是非常危险的事情，家长还是要慎重考虑的。不过这并不意味着我们要去阻止，而是可以为孩子选择安全的挑战方式。比如，孩子想学直排轮滑，可以帮孩子戴好防护帽、护膝、护肘，并为孩子找一个安全的场地练习。如果一味地跟孩子说"这个太危险，不可以""你还太小，不可以"，那么孩子可能什么都不敢做了。

● **在孩子需要时再提供帮助**

我在美国学习时，有一天在公园散步，看到一个五六岁的孩子抱着一棵大树在使劲地向上爬，只见他的小脸憋得通红，却怎么也爬不上去。孩子的爸爸在一旁看不下去了："用不用我来帮你？"孩子坚决地摇了摇头，于是孩子爸爸没再提供任何帮助，只是站在一旁安静地看着。

如果换作韩国父母，可能根本就不会问"需要帮忙吗"这样的话，而是直接抱起孩子就放到树上了。家长不说"危险！赶紧下来！"已是万幸了。

● **不要试图代替孩子表达情绪**

当孩子欢快地跑步时突然被绊倒了，大多数父母都会飞快地跑过去一把拉起孩子，紧张地询问："是不是很痛啊？"或者为了阻止孩子哭泣，抢先说："没事没事！一点儿都不痛，对吧？"其实痛与不痛都是孩子的直接感受，家长万万不能去控制孩子表达自己的情绪或感受。一个连自己的感受和情绪都不能随意表达的孩子，怎么能做好其他事情呢？为孩子提供适宜表达自己情绪的机会，也是培养孩子自立能力的好方法。

从危机和失败中，也能获得成长的力量

谁都逃不过的成长危机

女儿小学时一直是优等生，留学期间也始终保持着良好成绩，直至如愿考入麻省理工学院，表面上看起来确实没经历过什么坎坷。但事实并非如此，每个人成长之路上都会经历困难险阻，谁也逃不过。

记得当年我作为研究员被派往美国，要携妻带女在美国生活一年左右。当时女儿上小学四年级，英语水平仅限于可以听懂 baby，girl 等最简单的单词。这不免让我担心她能否适应美国的学校生活。但即便如此，我还是选择信任她。

我当时的想法是，女儿学好英语应该只是时间问题。而事实证明那只是我一厢情愿而已。

其实，女儿在美国的前半年并未能很好地适应学校生活。她在韩国时的学习成绩名列前茅，与同学们相处也非常融洽，但在美国因为语言障碍成了一个透明人，她不仅学习成绩跟不上，而且一个朋友都没有。不知从何时起，女儿一到上学时间就苦着脸，要么说头痛，要么说肚子痛，而这些症状一到周五下午就会不治而愈，但等到下周一早晨时，这些"病状"又及时卷土重来了。我知道，这是压力达到了极点的信号。

这种状态令我很担心，我就去学校拜访班主任老师。而老师只是反复强调问题不大，不必担心。老师认为，我女儿虽然英语不好，但特别聪明，悟性很高，和同学沟通没有太大问题。于是我又小心翼翼地拜托老师关注一下女儿的英语课程。没想到老师一口回绝，她解释说，不少中途转来的外国孩子，起初6个月都会感到英语学习很吃力，但6个月后都会适应得很好。最后老师还自信地补充道："您尽管放心，等6个月后再说。"

那段日子变得相当漫长,每当女儿要上学的时候,腹痛与头痛的戏码就会反复上演。更严重的是,班级里有个大块头男孩总是欺负女儿,让女儿的这种厌学状况雪上加霜。当时,一个比我先来美国任教的朋友因他的儿子无法适应美国学校的生活,未满一年就提前回国了。这一切都让我心神不宁,生怕耽误了孩子的学习进程。我开始纠结是不是要提前带女儿回国。

一天,女儿放学回来递给我一张纸,那是学校管弦乐社团活动申请书。她说老师讲话的时候,她听懂了管弦乐队及几种乐器的名字,立刻就报名了。我告诉女儿这是一份申请书,想加入管弦乐队的学生需要填写它。一直在旁边静听我们谈话的妻子建议女儿选小提琴,女儿却摇摇头,说自己喜欢大提琴。我们问其原因,女儿的回答让我们惊讶不已:"很多同学肯定从小就开始练习小提琴了,但大提琴个头那么大,从小开始学的同学肯定不多。所以啊,就算我从现在开始练习大提琴,应该也不会比他们差太多。"

听到这番话,我立即意识到提前回国这件事可以搁置了。那一刻,我从女儿的话语中感受到了她身上所具备的

"危机应对能力"。女儿心里非常清楚,只有充分展示出自己的才能,同学们才不会轻视自己。后来事情的发展也的确证实了这一点。

失败能教给我们的东西

自从参加管弦乐队的活动以后,女儿的学校生活发生了翻天覆地的变化。她认真练习大提琴,深得同学们的关注,而且在数学、折纸等与英语水平关系不大的领域开始崭露头角。随后,她还找机会狠狠教训了那个一直欺负她的大块头男生:"我,跆拳道,黑带!"

虽然语法不对,但那个男生还是马上就听懂了这句话意味着什么。几天后,女儿干脆穿一身跆拳道服去了学校,在同学面前大展拳脚。从那以后,我们再也没有听女儿说过被谁欺负。不上课的时候,她就跟同学们一起游泳、打篮球、踢足球……努力和同学们打成一片。由于女儿本来就很喜欢运动，所以这些项目对她来说游刃有余。喜欢和女儿一起玩耍的同学也越来越多，后来还发生了意想不到的惊人变化，那就是女儿的英语水平也开始突飞猛进。

正如班主任当时承诺的那样，女儿成功地适应了美国学校的生活，而且在四年级期末时竟然获得了总统奖，奖状上有时任美国总统克林顿的亲笔签名。但我们夫妻俩当时并没有意识到这份奖状的含金量，直到孩子的班主任打来祝贺电话，向我们说明总统奖通常仅授予全校最优秀的五年级学生，而这次女儿获此奖项纯属特例，我们才了解了这份奖项的非凡之处。

女儿在跟我赴美之前，一直在各种赞美声中成长，周围的人夸赞最多的是说她聪明机智。正因如此，在美国学校前半年的巨大落差对于生性要强的她来讲简直是梦魇。对于那段经历，她至今还经常感慨：正是那段生活经历把自己锤炼得无比坚强，为后来的成功提供了宝贵经验。**那段经历不仅让女儿明白了自己不可能任何时候都带着主角光环被赞美所环绕，还让她意识到了往日的盲目自信不可取，懂得了只有努力才能克服困难，使自己变得更为自信。**在她后来报考美国私立高中和麻省理工学院时，这段经历也给了她沉淀内心、自励自勉的勇气。

当时看着女儿周围满是精英学霸，我们也不免有些紧张和担忧，生怕她掉队。而我们只能暗暗给她打气，让她一定要相信靠自己可以克服任何困难。

使我们不断坚强起来的不是持续的成功，而是经历失败的体验。经历过失败的人，相比接连获得成功的人更加坚强，更加不会轻言放弃，因为他们更清楚成功的珍贵。不要过于惧怕失败。每年高考结束后，我们都能听到一些考生因考场失利而结束自己生命的事件，其中不乏昔日的学霸。他们因为无法面对一次失败，就选择了放弃人生。在他们的成长过程中，没有领悟到失败其实可以教给我们更多的东西，不知道有些东西只有通过失败才能得到。

人生一世，失败一两次又何妨？几次失败并不能否定你的整个人生。失败是成功之母，我们可以通过失败学到更多东西。失败也是一种力量。从失败中站起来的孩子走向成功的脚步也会更加坚定有力。

养育之道

如何教育孩子面对失败

● 父母要成为孩子奋勇前进的坚强后盾

据儿童心理研究专家介绍，和父母关系良好的孩子往往好奇心强，也非常聪明。这表明只有当孩子相信父母会时刻保护自己时，才会有足够的勇气去积极探索世界。相反，如果孩子无法确定能否从父母那里获得足够的安全感，那么无论他们做什么事情都会缩手缩脚，总是处于一种防御状态，而这种消极倾向会一直伴随他们长大成人。

作为父母，要成为孩子强有力的后盾，让孩子毫无后顾之忧，敢于挑战各种艰难险阻。当父母给予足够的支持与鼓励时，孩子就会无惧挑战与失败。因为他们即便失败了也会在父母那里得到鼓励，重新再来。请记住，孩子战胜失败的力量来自父母的信任与关爱。

● 为孩子提供更多与同龄人相处的机会

孩子是在与同龄人或兄弟姐妹不断竞争的环境中成长的。在这个过程中，没有哪个孩子是永远获胜的。偶尔失败，偶尔受挫，尝到失败的苦涩，也是很好的体验，这些失败并不会给孩子的人生带来致命打击，大多数人都能在失败后重新站起来。

而很少与同龄人或兄弟姐妹相处的孩子，则无从学到从痛苦的失败和压力中站起来的方法，也就无法为将来可能在社会上所要经历的失败与挫折做好"受挫训练"。相反，在日常生活中，在与同龄人或兄弟姐妹的竞争中经历过失败的孩子，自然就学会了克服失败与挫折的方法。因此，家长应该为孩子多创造一些与同龄人相处的机会，让孩子在遇到困难时能尝试和摸索如何依靠自己去独立解决问题。

● 不要压制孩子自然产生的情绪

孩子遇到失败时出现烦躁、难过、挫败的感觉,以及自责等情绪,都是很常见的事情。通常这些情绪被称为"负面情绪",但家长千万不能去压制孩子的这些负面情绪。孩子唯有适当发泄后,才能清空内心,获得重新挑战的勇气。但是,如果孩子的情绪发泄过激,已影响到他人,家长就应该及时进行心理疏导。"你看起来很生气!""是这个做不好,所以才会烦躁的,对吧?"当父母给予孩子充分的理解时,孩子才能平静下来。

女孩的世界，与男孩的一样充满可能

女儿的"参军梦"

"爸爸，我想参加麻省理工学院的学生军事训练团。"当女儿在麻省理工学院读了一学期后向我提出这个想法时，我并没有太吃惊，确切地说，应该是早已料到会有这一天的到来。

女儿上小学时就特别崇拜军人，常常抱怨为什么女孩子不能参军，如果能去参军一年，也就没什么遗憾了。每当看到电视里的士兵在泥潭中摸爬滚打的训练场景时，女儿总是羡慕地表示自己也想像他们那样接受军事训练。

"观看的人也许会觉得很酷,但实际训练的人该有多辛苦啊。"任我怎么说,女儿根本听不进去。她之所以对此如此痴迷,或许正是因为这件事做起来无比辛苦,极具挑战性吧。女儿的运动神经发达,耐力很强,我有时会想,若是女儿当一名军人其实很符合她的性格。

记得那是在私立高中二年级的暑假,女儿终于实现了自己的愿望。不知从哪里得知韩国有海军露营训练的信息后,女儿立即提交了申请。看到女儿准备的申请材料,我和妻子笑着说这简直就是哈佛大学入学申请书。对于参加海军露营活动的理由,女儿写得特别认真,字里行间足见她的热情与迫切。

也许是意愿特别强烈的缘故吧,女儿如愿以偿地通过了海军露营申请。面对妻子的担心,我虽然在嘴上不断地安慰她:"女儿健康又有毅力,不用担心,相比那些在温室里长大的孩子,我们应该感到欣慰才是。"但我心里的担忧一点儿也不比妻子少,毕竟对一个女孩来讲,海军露营训练并非是件轻松的事。不过露营结束后,女儿的精神状态实在出乎我们的意料,她大呼:"太开心了,寒假我还要去,可以吗?"面对女儿的兴奋状态,我不知应该感到庆幸还是心疼，不过那之后的海军露营与寒假日程有冲突，女儿的这个计划最终泡汤了。随后相当长的一段时间，女儿房间里都一直挂着参加海军露营活动时得到的纪念军帽与军装，女儿说那些都是美好的回忆，千万不要摘下来。

所以当她在几年后表示想在麻省理工学院参加学生军事训练团时，我们也不再感到意外。

拒绝关于性别的刻板印象

在培养女儿的过程中，我们从未强调过性别差异。从未想过因为她是女孩子就要温顺、乖巧、文静，从未说过"你是女孩子，这个不行，那个不许"的话，除了那次言语失误。

记得那是女儿上小学二年级时，她说要学习跆拳道，妻子无意中吐出一句："女孩子学什么跆拳道！"说完便立刻懊悔不已，因为理性告诉我们，这样明显的性别限制，将会剥夺女儿的无限可能性与机会。从那以后，我们再未讲过"你是女孩子，应该……"这样的话。在她参加海军露营活动时，在她和一群男孩子奔跑在绿茵场踢足球时，在她挥动球杆打冰球时，我们也只说："很累吧？还好吗？"而不说："一个女孩子怎么玩这些？"

在她小时候，我们既给她买娃娃和过家家一类的萌宠玩具，也会买皮球与积木，从未向她暗示女孩子就必须玩女孩子的游戏。即使是在她和男孩子一起玩得一身泥土时，我们也从没指责过她。

女儿生龙活虎的样子在美国家长圈儿也成了小小的热门话题。一个身材瘦小的亚洲女孩，挤在一群比自己高一头的男生当中甩动着满头黑发追逐足球……大概是这些场景给这些美国家长们留下了深刻的印象。也许正是因为这样的成长经历，促使女儿选择了同龄女孩不太关注的机械工程专业，且目前从事的也是工学领域的工作。

正因为在平日里，我们从来没有向她灌输过关于性别的刻板印象，所以才能让她拥有了双倍的机遇。

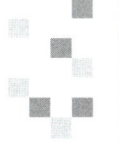

面对原则问题，不因孩子小或发脾气而妥协

没有可商量的灰色地带

身边年过花甲的同事喜欢时不时夸耀自己的孙子孙女，而我因为晚年得女，又加上女儿专注于求学与工作，所以抱孙子成了我遥远的奢望。其实我心里很羡慕那些当了祖父、外祖父的同事们，甚至在路上遇到有人带着小宝宝时，我也会忍不住多看几眼。那些扯着妈妈的衣襟撒娇的孩子在我眼里也十分可爱。

别看我现在对小孩子心怀满满的宠溺，但我自己在养育孩子时却完全是另一副样子。按理说小孩子任性很正常，但我从不会任由女儿乱发脾气,而是严肃地批评她。**所谓勿以恶小而为之,我觉得好习惯的养成要趁早,而且要严格保持一贯性。所以,我从未因女儿哭闹而妥协,将"不可以"变成"好吧"。在一些原则问题上,我非常坚持自己的立场,没有什么可商量的灰色地带。**如果因为拗不过孩子而思想动摇和妥协,轻易丧失原则,那么想要培养孩子的好习惯就几乎不可能。

此外,父母要教会孩子用适宜的方式表达自己的意见,而不是乱发脾气。每当女儿哭闹着要求买什么东西时,我都会严厉地批评她,但如果她试着有条理地提出自己的要求,我就会耐心地听她把话讲完。我经常对女儿说:"如果你乱发脾气,爸爸妈妈是绝不会答应你的,但是如果你平静地讲出你的要求,也许我们会考虑。"女儿也许是因为从小就听着这些话长大的,所以几乎从不向我们发脾气,相反每次她都会尽可能认真地表达自己的意见或想法。只要她的要求合理,我们也会尽力去满足。

当然,很多时候女儿的要求也并不合理。"别的小朋友都有啊!""别的小朋友都在做啊!"女儿以这样的理由提出的要求,在我这里是行不通的。我们从不认为别人拥有的,她也一定要拥有，如果想要得到就不要说"别人都拥有"之类的话，理应说出她想要的真正理由才好。

后来，女儿会拿出一套自以为很有逻辑的理由来说服我们，但如果是之前已经讨论过不可以的，那么我们也不会立即改变决定。而是告诉她我们已经了解了她的想法，但现在不能立刻满足她，因为爸爸妈妈需要存钱才能买，然后和女儿约定，儿童节或下一次生日时会送给她。

通过以上方法，女儿慢慢养成了准确无误、条理分明地表达自己想法的习惯，而不是乱发脾气。女儿还懂得了从父母身上并不能一味地索取，而是想要获取什么就要学会耐心等待或付出代价的道理。

不被允许的"儿童专用餐"

在儿童游乐场，我们常会看到有些妈妈手里拿着点心守在外边，孩子则在里面玩得大汗淋漓的场景。我的女儿也会因为贪玩而顾不上吃饭，不过我向来反对妻子拿着零食到处追着喂她，妻子虽然不以为然，但因为我的态度强硬也只好作罢。

好习惯的培养，就要从小抓起，因为不良习惯一旦养成就很难改正。我们不能因孩子年幼而再三妥协，否则想纠正就为时已晚了。

我认为良好的餐桌习惯应该是一家人围坐在餐桌旁有说有笑、其乐融融。我决不允许餐桌上摆"儿童专用餐"。有一次，妻子做了火腿料理，特意摆到女儿跟前喂她吃。我当场大发雷霆，指责妻子要么多做一些，要么不做。其实，妻子因为我不吃火腿料理，所以只给孩子做了一份，但这样会让女儿误以为那是父母娇宠她的特殊待遇，而这恰恰是我不想看到的。

现在的孩子看到餐后水果摆到餐桌上，都要在家长品尝之前迫不及待地伸手去拿，因为他们从小就已经养成了自私的习惯。这样的孩子毫无礼貌可言，步入社会后也会遭遇更多的挫折。因为在社会上是没有特殊待遇这种说法的。

和孩子谈心，
更需要父母的耐心和用心

每日必到的电话

　　留学的女儿几乎每天都会给家里打电话，倒不是因为有什么特别的事情要商量，而是她心里清楚远在韩国的爸爸妈妈非常挂念自己的日常起居。不过奇怪的是，我明明也很期盼女儿的电话，可一旦接到电话又羞于向女儿表达自己真实的情感。可能是我偏沉默寡言，拙于做一个温柔体贴的爸爸吧。所以每当女儿打来电话时，一般都是妻子来接听，偶尔由我来接时，我也只会讲"哦，好，没别的事吧？身体怎么样"之类的话语，问了几个例行公事一样的问题后，就急着把电话交给妻子："我把电话转给你妈妈了……"而妻子则和我完全不同，母女俩有说有笑，让我不由得心生妒忌，感叹女儿还是与妈妈更亲近。

因为女儿每天都会打来电话，有时我们甚至忘了她远在美国留学的现实。她中午吃了什么，课堂上发生了哪些事情，一天的状态或心情如何，等等，我们都了如指掌，好像女儿就在身边一样。

从上幼儿园起，女儿就喜欢一回到家就把当天发生的事情一五一十地告诉我们，在美国上高中时亦是如此。令人意想不到的是，有一次学校老师在性教育课上讲了避孕套的使用方法，女儿也在电话里详细地讲给她妈妈听，妻子听得尴尬无比。

现在回想起来，女儿的青春期过得很平静。人们都说青春期是从孩子将房门锁上那一刻开始的，而女儿几乎没有因此而让我和妻子伤心过。除了换衣服和睡觉以外，女儿的房门始终是敞开的，从来不拒绝与父母交谈，她无论遇到什么问题都会敞开心扉和我们交流。作为家长，我真的非常感谢女儿。

谈心有术

我觉得女儿能有今天这样的成绩，妻子发挥了很大的作用。妻子具有打开女儿话匣子的特异功能。女儿在平时并不是喋喋不休的孩子，但只要在妈妈面前就像一只百灵鸟遇到了聆听者一般叽叽喳喳地说个不停。

我仔细研究了妻子与女儿的对话秘诀，她一般都是很自然地抛出问题，但决不会给孩子留下刨根问底的感觉，妻子总是以关心孩子日常生活的口吻进行对话。孩子回家时，妻子会问"今天过得开心吗""昨天生病的那个好朋友今天好些了吗"，自然地与女儿展开话题。有时妻子也会通过别的家长"提前获取"学校信息，问女儿"听说今天学校发生了这样的事情"以表示关心。

如果想知道女儿心里的想法，妻子从不单刀直入询问孩子"今天发生什么事情了吗"，而是会说"你今天看起来心情不太好"。**因为直接询问孩子发生了哪些事情，孩子会认为父母在过多地干涉自己的生活，但如果只是通过孩子的外**

在表现来深入了解其内心的想法,孩子则会理解为那是父母对自己的关心。

在与孩子谈心的时候要尽可能地尊重孩子的情感与意见。如果家长只强调自己的意见,一味地指责孩子的过错,那么这种对话是很难进行下去的。

妻子与女儿谈心时总是会聚精会神地听她讲话,而且会适时地点头表示理解,妻子总会说"嗯,我能理解你的心情""对,你的想法没有错"。有时虽然女儿做错了,妻子也会试着先去理解她:"嗯,我懂了。不过妈妈的想法是……"这样女儿就知道妈妈是完全理解自己的,对妈妈的话也会更愿意接受。

不过,不要期待孩子会百分百接受父母的意见。遇事总是要制服孩子,要求孩子无条件服从自己,那只是父母独断专行的一种霸道表现。有时父母也要大方地承认"你的想法没有错"。只有这样,父母与孩子之间的对话才能够顺畅地进行下去。

养育之道

如何与孩子谈心

● 要熟悉孩子的日常生活以及孩子关心的事

有一位爸爸告诉我,有一次他与儿子进行谈话时,拿儿子喜欢的一款游戏做例子,结果孩子听得特别认真。当时孩子的表情简直就是在惊叹:"哇!我爸爸还懂这些时尚的东西"。其实,父母深入了解孩子的日常兴趣与喜好是与孩子拉近距离的一种策略。这要求父母提前了解孩子的喜好及关心的事,然后在谈话过程中适当显露一下,如果这样做,那么父母肯定能实现与孩子深入而有效的交流。

● 对于孩子锁上房门,从开始就说:"不!"

孩子因为心情不好或被家长批评就"砰"的一声

甩门离去，或者把自己锁在房间里不出来，这其实是个非常严重的问题。家长应该想到孩子那样做不只是锁上了房门，是将自己的心也紧闭了。很多家长都说自从孩子锁上房门起就不愿意和父母讲心里话了，原因就在于此。当孩子甩门进屋或锁上房门时，家长初期的应对方式尤其重要。记得女儿在上小学一年级时，有一次被妈妈批评后甩门躲进屋里，妻子当时就狠狠地批评了她一顿，告诉她开关房门不要出声，哪怕是失误也不可以，被批评后更不可以那样。从那以后，女儿关房门一直都很小心，学习时也会敞开房门。

● 羞于表达时，用文字来代替

　　大多数爸爸把孩子的教育交给妈妈负责后，一天到晚忙得几乎无法与孩子进行一次完整的对话，偶尔加入妈妈与孩子的交谈中时，也会觉得很不适应，极其不自然。我建议这些爸爸不妨试一下用发送电子邮件或写信的方式与孩子交流，这也是我曾经用过的方

1 品格教育是早期教育的关键

法。每次听到妻子说女儿在美国的学习上有些紧张或感到疲倦时，我都会给她发一封电子邮件，这是作为留学生前辈、作为爸爸给她的一些忠告，也告诉她爸爸有多爱她，多么为她感到自豪。由于是借助于文字，而不是面对面地交流，所以我也不会感到难以启齿。妻子说，爸爸的一行字远胜过妈妈的十句话。请适时地表达您对孩子的爱，用文字告诉孩子：爸爸相信你、爱你，在人生中的每一天。

2

习惯与态度决定人生的差异

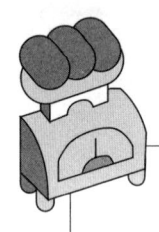

好习惯是成才的前提。好习惯的培养，就要从小抓起，因为不良习惯一旦养成就很难改正。我们不能因孩子年幼而再三妥协，否则想纠正就为时已晚了。

培养专注力和毅力，要从小开始

特别的小事

那是女儿刚满两岁时，也就是我正在美国读博士时发生的事情。有一天，我正在写博士论文，女儿走过来跟我要笔和纸，然后就坐在一旁认真地画了起来。大约过了一个小时，我不经意间瞥了一眼女儿后简直惊呆了。女儿仍旧保持着一小时前的姿势，端坐在书桌前认真地画着什么。我凑过去一看，满纸都是"～"图案，大概是她在学我的样子写字呢。写完最后一行后，女儿这才露出满意的笑容，自言自语道："写完了。"意想不到的是，我发现竟然连纸张背面也被画满了"～"图案，而仅仅为了写这些"文字"，女儿整整一个小时一动不动地坐在那里。

我为女儿的专注力与毅力所折服并不只是源于这一件小事。记得还有一次，因为要参加论文答辩，我特意穿了一套西装，等晚上进门时，女儿好奇地看着我。平日里只穿T恤的爸爸今天竟然戴上了领带，女儿当然会觉得好奇了。在我解下领带再准备解开衬衫纽扣时，女儿跑过来说："爸爸，爸爸，我来！"刚满两岁的女儿当然不可能解开这样小的纽扣，但我还是立刻决定把这份差事交给她。

女儿嘟着小嘴，小手笨拙地解着纽扣，脸涨得红红的，额头上也沁出细密的汗珠。为了配合女儿，我尽可能一动不动，但时间久了也感到腰酸背痛，但我并不想因此妨碍女儿的挑战。在这个过程中，我没有教她解开纽扣的要领，任她自己去摸索。过了很久，女儿才解开第一颗纽扣，但也逐渐掌握了要领，第二颗、第三颗乃至后面的纽扣，被她解开的速度越来越快。终于，女儿将所有的纽扣都解开了，从第一颗到最后一颗足足用了半个小时。

孩子的毅力与专注力要从小培养，这对孩子的未来发展非常重要。

爱因斯坦小时候并不是一个受老师喜爱的学生，对于老师的提问，他总是不能及时、准确地做出回答，对背诵更是深恶痛绝。但他却非常热衷于挑战复杂的问题，在专注力与毅力方面无人能及。尤其是用卡片搭房子的游戏，别的孩子最多可以搭三四层，而小爱因斯坦却能以自己超强的专注力搭出十三层的房子。

对于只有两岁大的女儿，我一直乐观地认为，她长大后肯定会很优秀，不管是学习还是在其他方面必有成就，正是源于这些小事所表现出来的专注力。我并不奢望女儿长大后能成为像爱因斯坦那样的英才，但她那超强的专注力与毅力让我坚信：只要是女儿坚持的事情肯定能做得非常棒。

被夺走的挑战机会

我并不认为孩子高度的专注力和毅力是与生俱来的。从小开始，只要女儿想自己动手做的事情，我们都会无条件赞同。从未因为她做得太慢或配合烦琐，就告诉她："来，爸爸妈妈帮你。"我想正是这种教育方式，自然地培养出了她高度的专注力，让孩子尝到了成功的喜悦。

"孩子一点儿毅力都没有，不管做什么，只要稍微遇到一点儿困难就想要放弃，马上表现出不耐烦的情绪。"我与那些已结婚生子的学生们聊天时经常能听到他们这样抱怨，说孩子注意力不集中。也许是他们觉得我的女儿在麻省理工学院读书，作为爸爸的我肯定有什么值得借鉴的教育良方。针对他们的烦恼，每次我都会劝告他们不要责怪孩子，先去反省一下自己。一开始他们大多都坚决否认自己有做得不好的地方，甚至觉得委屈，但听了我详细解释后，都不住地点头。

原来，每当孩子要依靠自己的力量做一次挑战时，家长总会不耐烦，以赶时间为借口夺走了孩子向困难挑战的机会。**如果想把孩子培养成一个做事专注、执着勇敢的人，就要给孩子充分的时间与机会去挑战，并与孩子一起分享他的成就感。**孩子获得成功后自信、自豪的表情是多么让人开心啊。只要父母多一些耐心，少一些急躁，给予充分的等待，就会让孩子体验到更多的成就感与自豪感。

养育之道

如何培养孩子的专注力和毅力

● 不打扰，让孩子专注于自己的事

孩子在认真做事和玩耍时，父母千万不要去打扰。当我问那些家长，孩子自己玩得好好的，你们为什么要去打断和干扰时，我得到的回答五花八门：我就是觉得一个小孩子做起事情来跟成年人似的一脸严肃和专注，实在是可爱啊，总是忍不住去打断一下；我心想作为家长要多陪陪孩子啊；我看他一直一个人玩玩具、做游戏，有时候会担心这是不是自闭症倾向……其实，家长以这样的理由中途参与和打断孩子，或劝孩子玩别的游戏，这些做法都不可取。在孩子向父母提出新的要求前，千万不要妨碍正在做游戏的孩子。让孩子专注于自己眼前的事情，可以培养孩子的专注力和毅力。

● **提供适合孩子的趣味游戏**

为培养孩子的专注力和毅力，可选择穿线、拼图、寻找隐藏图案等静态游戏。不过一定要记住，若强迫孩子去做那些游戏反而会适得其反。其实家长们回忆一下自己在做什么事情时表现得最有毅力，就很容易理解了：肯定是做自己喜欢和擅长的事情，孩子也是如此。只有做自己感兴趣、力所能及的事情时，我们才会展现出高度的专注力与持久的毅力。因而培养孩子的专注力和毅力要从孩子喜欢且擅长的事情开始做起，先选择孩子喜爱且难度指数中下的事情开始挑战，获得成功后，再去挑战那些孩子不那么喜欢、不那么擅长的事情。

● **为孩子营造安静、稳定的环境**

如果屋子里乱七八糟，东西四处摆放，肯定会影响孩子的专注力。必要的物品一定要摆放在适宜的位置，电视与收音机这类电子产品的噪声也要尽量消除。平时父母专注于读书、织毛衣等静态活动，也能帮助孩子培养专注力。

当然，也不能因此而过分强调屋内整洁。必须时刻保持清洁这种强迫症会影响孩子专注学习或游戏。平时屋子里可以保持干净，但如果孩子正在专注于某件事而把屋里弄得十分杂乱，这时就应该优先做事，把整理家务放到孩子完成任务之后再去做，而不是中途去打扰孩子。

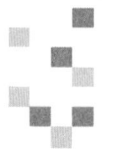

最好的学习法，除了玩耍还是玩耍

游戏有道

对于幼儿来讲，"玩耍"就是他们日常的基本任务。从早晨睁开眼睛到晚上进入梦乡，整整一天都在玩耍。不过，如果仔细观察，你就会发现孩子并不只是在做游戏。**通过游戏不仅锻炼了孩子的身体协调能力、语言能力、认知能力**，还练就了孩子解决问题的能力与自我表达能力，学会了关心他人。做游戏还能消除压力、缓解紧张与疲劳，让孩子从中获得宁静与快乐。总之，游戏能促进孩子身心健康，是最有效的学习方法。

2 习惯与态度决定人生的差异

女儿尤其喜欢玩球。在女儿大约刚满两周岁时，我们回国住在首尔落星岱附近。那段时间，我每天晚上都要带女儿去落星岱公园踢球，孩子在公园里尽情地跑来跑去，玩得不亦乐乎。而在家里，女儿也会和妈妈坐在一起玩滚球游戏。现在回想起来，女儿擅长各种体育运动也许都得益于儿时玩球的经历吧。事实上，球类运动能刺激孩子的肌肉生长，非常有利于运动神经的发育。此外，它对孩子手眼协调能力、空间感知能力的锻炼也很有帮助。尤其是两个人面对面轮番滚动皮球，既能培养孩子的团队协作精神，又能让孩子学会静心等待的优良品质。

除了玩球以外，女儿还很喜欢画画。女儿从一周岁起就喜欢握着铅笔或蜡笔随心所欲地乱涂乱画，三岁起就已经开始用颜料画画了，女儿之所以那么早就开始使用颜料源于一件小事。有一次，我带女儿去朋友家做客，朋友的孩子比我女儿大两岁，正用颜料兴致勃勃地画画，女儿一下子就被吸引住了，也拿起笔加入画画的队伍。那天小朋友们玩得十分尽兴，甚至忘记了要去洗手间，导致尿湿了裤子。

剪纸也是女儿喜欢的一种游戏。她两岁那年，我从日本出差回来买了一把幼儿安全剪刀，当时这种剪刀在韩国很难买到。拿到精巧可爱的小剪刀，女儿迫不及待地咔嚓咔嚓玩起了各种花式剪纸。从报纸到杂志，从小图案到大图案……女儿越剪越多、越剪越熟练，不管是裁剪曲线还是直线，动作都娴熟而灵巧。

玩出来的识字法

韩文也是孩子在游戏中认识的。那时，我每周都带妻子和四岁的女儿去教会。牧师每次讲道都要花费很长时间，好动的女儿根本坐不住，这让我非常焦虑。想让女儿安静下来，就必须想一个能够吸引她注意力的好办法。正好妻子想出了一个好主意，她找来教会会刊，从会刊背面的募捐人名录中找出이（李）字圈了起来，然后对女儿说："快过来，妈妈教你玩个游戏。从这些字里面找出和这个一样的字，一个一个圈起来。"

2 习惯与态度决定人生的差异

在韩国，李氏是大姓，孩子想要在会刊名录中找出所有的"李"字需要相当长的时间，而这期间我们也能安心地听牧师讲道了。当女儿将所有"李"字找出来后，我们就如法炮制让女儿继续找"金""朴"等文字。就这样，女儿几乎将韩国所有的姓氏都找了出来。

几个月后，还发生了一件惊人的事情。女儿在超市看到海苔包装袋后，立即大声喊道："妈妈，那里有'金'字！"虽然我一直主张不要在学龄前教孩子认字，但又实在不想错过这次机会，于是决定趁热打铁，说教就教。果然从一开始效果就不妙，教孩子时我很容易情绪失控，不是冲她发火，就是批评她。我担心这样继续下去反而会适得其反，因此只教了一天就赶紧结束了。不过我并没有放弃女儿的"韩语亲近计划"，而是让周围的一切都作为信手拈来的教材，除了书本上的字，就连包装袋、杂志、牌匾等上面的文字都会念给女儿听，引导她认识身边的一切学习素材，不过我从未强迫女儿跟着读或写。

女儿在识字过程中，录音机起到了决定性作用。当时我买了一台幼儿用录音机送给女儿，告诉她："这是你的，爸爸来教你怎么用。"我教女儿如何把童话故事磁带放进去、如何播放。她可以一边听童话故事一边翻阅配套童话书，逐字阅读。结果没过几个月，女儿就能够认读所有的韩文了。从那以后，阅读成了女儿最喜欢的游戏，她每天都要阅读多得惊人的书。那时，我们买书并不是成套购买，所以家里的藏书都有点跟不上孩子的阅读速度了。

早知道可以边玩耍边识字，家长就不用把孩子专门摁在书桌前折磨了。事实上，大多数家长只要看到孩子玩耍就会感觉心里不安，认为总得教点什么才算尽到了责任。于是孩子刚满周岁，家长就开始四处打听哪里有开发智力、创造力的早教机构。其实，孩子与妈妈开心玩耍本身就是在开发智力及创造力，只是家长没有意识到而已。

孩子们都是在玩耍中受到启发、学到知识的，即便再优秀的教育资源都远不及玩皮球、过家家更能让孩子们受益。**孩子自己就能学得很好，家长无须指手画脚进行干涉，只要为孩子创造安全的游戏环境，提供所需的玩具就可以了。**

学龄前养成的好习惯，会让孩子受益一生

良好的生活习惯

一听到女儿在麻省理工学院读书，很多人都会问我："您的女儿肯定非常聪明吧?"当然，每个人的天赋有差异，但我绝不认为女儿是凭借高智商进入麻省理工学院的，对此我有自己的看法。我认为后天培养出来的学习经验，尤其是良好的生活习惯与有规律的生活节奏对女儿取得优异成绩发挥了关键作用。

生活习惯与成绩是密切相关的。良好、有规律的生活习惯意味着孩子具备了优秀的自控能力，能够有效利用时间自主学习，而这正是获得优异成绩的必要条件。生活节奏直接

影响着学习成绩。可预测的、有规律的日程计划可以使孩子情绪稳定，而稳定的情绪有利于提高学习效率。特别是当规律的日程安排和科学合理的学习计划相结合时，更能够培养孩子自主学习的良好习惯。

良好的生活习惯与规律的生活节奏，早则在幼儿园时期，晚则在小学一年级前就要形成。错过了那个黄金时期，再培养就有些迟了。从女儿上幼儿园开始，我们就有意识地培养她有规律的生活习惯。每天下午回到家，女儿都要先洗手，然后坐在饭桌前吃点心。吃完点心后，无论发生什么事情，都要先去写作业。作业完成后，开始准备第二天的学习用具，并放到固定地点。若女儿没有写完作业或没有准备好学习用具，是绝对不能出去玩耍的。也许这种习惯已根深蒂固，女儿进入小学后从未发生不写作业或因忘带学习用具而慌慌张张打电话求救的事情。

孩子的生活习惯与生活节奏是完全由父母来培养的。只有父母生活有规律，孩子才能形成有规律的生活节奏。我们夫妻就寝、起床及用餐的时间都比较有规律，为了不打乱孩子的生活节奏，我们晚上几乎不出门，每天都争取在 6 点半之前回家，与孩子共进晚餐。

也许是过于重视生活规律的缘故，我非常反对妻子白天带女儿去购物。我认为女儿出去逛街的时间，用来做游戏或看书更有意义。也正是因为我的坚持，妻子只有周日我在家时才能独自出去购物，而这时我一般都会陪女儿散步或下棋等。

就这样，在女儿上小学一二年级时，我们抓住时机给她养成了良好的生活习惯，女儿在之后的生活中，才能把每件事都安排得井井有条。女儿从小学二年级开始，根本不需要家长督促学习，放学回家后，写作业永远放在第一位，而且预习、复习也非常自觉。从那时起，我们再也不必唠叨"学习吧，写作业吧"了。

时间管理习惯

为孩子制订一天计划时需注意一点，即一定要包含孩子

的自由时间。所谓自由时间，并非指停止学习、完全休息，而是与字面的意思相同，指可以自由安排的时间。即使是一个成年人，若想完全按计划度过紧密锣鼓的一天也是很难做到的，况且是一个孩子。**家长一定要为孩子留出一些可以自由分配的时间，只有这样才能缓解孩子的学习压力。**再说，孩子自主决定自由时间如何分配，恰好能锻炼孩子有效管理时间的能力，毕竟父母不可能永远替孩子制订日程计划。若想让孩子充实地度过每一天，应从每天有效利用半个小时到1个小时的自由时间练起。

当然，孩子对自由时间的分配很可能不合父母心意，但千万不要发牢骚，哪怕整个自由时间段里孩子一直在玩电脑。因为孩子至少在学习时间段里不会再想着玩耍。但如果孩子因过度沉迷于游戏而影响了下一时段计划的实施，父母就要进行适当的惩罚，比如大量减少或干脆取消第二天的自由时间。

值得庆幸的是，我的女儿还算没有虚度自由时间，她做出了详细的实施计划，比如周一选择读书，周二去见朋友，周三看电视……也许珍惜时间、高效做事已成为女儿的一种习惯，我们几乎看不到女儿感到无聊或无所事事的时候。同样，也从未听女儿抱怨因为太忙碌、时间太紧张没做好事情。现在女儿无论是参加文化课还是媒体实验室活动都能完成得很好，而且能抽空享受帆船、游泳、单板滑雪、大提琴等课外活动的乐趣。女儿能游刃有余地做这么多项目，并不是因为她有三头六臂，或者拥有超能力，而是她从小就锻炼出了合理有效地分配时间和严格践行的能力。

有件事情需要明确，那就是高效度过一天与减少正常睡眠时间是毫无关系的。高效学习的同时，也一定要保证孩子充足的睡眠时间。千万要记住，减少睡眠最终会严重影响孩子的专注力与效率。与其过度减少睡眠时间，不如有效利用好头脑清醒的每一分钟。

养育之道

如何培养孩子良好的学习习惯

● 纠正睡懒觉的好习惯

千万不要认为睡懒觉的习惯无关紧要。睡懒觉的孩子经常吃不好早饭，忘带学习用具，导致心烦意乱影响学习。如果孩子有睡懒觉的习惯，在小学一年级时就要及时纠正。不然这种坏习惯会一直延续到高三，直到成年参加工作也很难改掉。

● 正确分辨孩子的求助信号

很多孩子忘带学习用具，然后给妈妈打电话求助。有些孩子甚至临去学校时才哭哭啼啼地说作业没有完成。由于担心没带课本会影响孩子学习，或没写作业会被老师批评，家长往往会急急忙忙把文

2 习惯与态度决定人生的差异

具送到学校,甚至替孩子赶作业。问题是家长一旦帮了一两次,孩子就会始终难以改掉落东西、不写作业的坏习惯,以后无论家长如何唠叨、批评都无济于事了。

如果在孩子犯错误时,让孩子为自己的错误行为买单,而不是每次都由家长帮忙收拾烂摊子,那么一些不良的生活习惯就会慢慢改正过来,因为孩子清楚再也没有可靠的后援了。孩子之所以会这样,其实都是父母过度照顾而造成的。让孩子懂得,凡事都要靠自己,孩子自然会做好自己的事情。

● 日常生活中自然安排学习时间

若想培养孩子主动学习的好习惯,那么要为孩子制订有规律的每日计划,引导孩子按时完成,并适当安排学习任务。孩子在完成日程表内容的过程中会按部就班地同步完成学习任务,从而自然养成良好的学习习惯。

需要注意的是,考虑到孩子的专注力不能维持太久，学习时间不宜安排得过长。学习结束后，如果奖励孩子看电视或去游乐场玩耍，安排孩子做自己喜欢做的事情，也会让孩子更有动力地去完成学习任务。

丰富学习生活，全力支持孩子的课外活动

体验的积累与技能的培养

听女儿说，在麻省理工学院的每个学生至少都有一项自己的特长或者爱好，比如拉钢琴、拉大提琴、滑雪、骑马、写作等，但韩国留学生在小时候好像都没有参加过多少课外活动，也就没有什么特长。我想这正是韩美两国在教育环境与文化上的差异吧。美国学生的学业压力远不及韩国的，在韩国，不仅学习科目多，课时也很长，可以说韩国孩子从小学开始就是奔着向往的大学拼命学习的。尤其是想要报考麻省理工学院这种级别的大学的学生们，别说课外活动班，就连睡眠时间都想用来学习。

因为我非常重视各种体验的积累与技能的培养，所以有意让女儿从小开始便积极参加各种特色课外活动。提起课外活动，很多家长都会认为孩子一天至少要在两三个培训学校转场。不过女儿并没有在一天内上过两个以上的课外兴趣班，一周课程安排得比较合理，比如钢琴课安排在周一和周三；跆拳道课安排在周二、周四、周五；游泳课放在周六。现在的孩子，即使是小学低年级学生，学完一天课程回到家时也常常已过晚上 8 点了。让孩子参加课外辅导班的想法固然很好，但千万不要超负荷运转。我建议，一天学习一门课外特色课，最多不超过两门为宜。

女儿一开始上的特长班是钢琴班，从幼儿园起一直学到小学六年级。进入小学后又参加了女童子军活动，一直坚持到初三，结业时获得了"韩国童子军总裁奖"。小学二年级开始，女儿又开始学习游泳。

因为特别羡慕小区里的小哥哥们穿着一身跆拳道服的样子，女儿从二年级夏天开始又增加了跆拳道课程。跆拳道一直学到小学四年级，直到去美国前才不得不停止。我在前面也已经提过，女儿之所以能够克服种种困难并顺利适应美国的留学生活,很大一部分要得益于跆拳道精神。因此,女儿对跆拳道情有独钟,现在假期里也经常会去跆拳道馆练得满头大汗。

滑雪是从小学二年级开始的。女儿非常喜欢滑雪,从学会以后几乎每年冬天都要去滑雪。我常跟朋友开玩笑说:"我那点儿微薄的工资,都不够供养孩子去滑雪呢。"大提琴是女儿小学四年级去美国的时候开始学习的,至今还一直在坚持拉。与大提琴一起开始的管弦乐队活动,在进入麻省理工学院后也没有间断。

小学五年级回国后,女儿又开始学习书法。初中二年级时有机会学到骑马,说到学骑马还有一段有趣的小插曲。那年假期我们一家人去洪川滑雪场,在那里偶然听到有个免费骑马讲座的消息,原来是果川骑马场为普及骑马术特意推出了10天免费骑马活动。孩子非常喜欢骑马,而我也很想让孩子学习骑马,但因为那是一项贵族运动项目,所以一直未敢尝试。现在遇到"免费的午餐",当然不能错过了。我不敢耽误,马上打电话给果川骑马场咨询,果然被告知从第二天开始就按排队顺序接受报名。这样的话,我们最晚也要在凌晨4点前到达才能报上名。第二天天还没亮，我们就叫醒还在沉睡的女儿并开车直奔果川，最终成功报了名。说到这里我突然意识到，让女儿接受特色活动项目这件事情上，我确实是个积极的爸爸。

课外活动的意义

对于我们如此热衷于孩子的课外活动，学校的老师好像很费解，甚至表露出一丝担忧。"孩子如果把课外活动时间用在学习上的话，学习成绩完全可以获得第一名的。""不知道有些家长到底是怎么想的，跟着孩子一起折腾，学大提琴啊、骑马啊，都是跟学习无关的……"我的观点是如果现在不去尝试，上了中学以后哪里还有时间去参加这些特色活动呢？至于学习，上了高中以后有大量的时间可以学。既然现在有空闲时间，刚好孩子又喜欢，那么就让孩子尽情地玩耍吧。

2 习惯与态度决定人生的差异

有人说,虽然很希望孩子参加这类特色项目,但昂贵的费用让他们犹豫不决,也有人说担心孩子太辛苦。但回顾女儿的成长之路,好像事实并非如此。我们只是将上课外辅导班、补习班的时间和费用都用在了课外兴趣活动上而已。

女儿进入美国私立高中后,参加特色课外活动的机会就更多了,而且她一直心心念念的单板滑雪运动、冰球都成了学校开设的课程,随时都可以去学。对于女儿来讲,再也没有比这更好的条件了。这期间她还参加了撑竿跳高、曲棍球等活动。

最近,韩国民众对特色体育项目的热情也日益高涨,但大多并不是因为孩子喜欢,而是家长为了孩子在美术、体育等科目上获得加分。我认为这种动机使课外活动失去了原有的意义。**特色类课外活动可以说是一种人性教育,也就是通过活动认识各个领域不同的人,从中获得全新的体验,在热爱艺术、享受艺术的过程中学习表达自我的方式,使之成为充满人格魅力的人。总之,通过这些活动,孩子可以经历更加丰富多彩的幸福人生。如果只是为了让孩子在升学时获得加分,那么这与送孩子去补习班有什么区别呢?**

激发旺盛的求知欲，也有方法

坚持学下去的秘诀

每当我说起女儿参加了各种各样的特色体育课程时，很多人都会提到自己的孩子："我的孩子无论学钢琴还是跆拳道，坚持不过一个月就会感到厌倦，不肯学了。"接着会问我女儿能坚持学下去的秘诀是什么。是啊，秘诀是什么呢？我从未强迫孩子学什么，因为无论是课外活动还是学习功课，孩子自己主动去学才能学好，父母强迫只能适得其反。如果我强迫孩子去学习的话，那么面临的肯定也会是失败的结局。要说一个不是秘诀的秘诀，那就是培养孩子自主学习的习惯尤为重要。

2 习惯与态度决定人生的差异

哪怕是一个看钟表的方法,我也没有随意教过孩子。关于这一点我将在后面做详细介绍。只要能让孩子对钟表产生兴趣,那么如何认知,孩子自己就会去琢磨了。

女儿从小学开始就特别想学冰球,而一部以冰球为主题的美国电影《野鸭变凤凰》(*The Mighty Ducks*)则是她喜欢上冰球的主要原因。女儿自从看了那部电影以后时常念叨想学冰球。那一年,她的一位好朋友去美国旅行前问她需要捎带什么礼物,她脱口而出:想要个冰球杆。得到冰球杆后,女儿就哀求妻子从首尔买来了冰球。问题是附近并没有可以玩冰球的场地,当时在清州也根本找不到。但女儿没有放弃,她跑到小区停车场,穿上旱冰鞋不断挥动着冰球杆,玩得不亦乐乎。

女儿去美国留学后对冰球的热情依然没有改变。她甚至借来了很多关于冰球项目的书仔细阅读。进入私立高中后,得知冰球是开设的学习科目,女儿果断报名参加了冰球学习班,进入麻省理工学院后也一直没有中断冰球俱乐部的活动。

我想,我讲述的故事足以说明女儿的学习欲望来自哪里

075

了。我们没有强迫女儿学习冰球，是她喜欢，自己主动要求学习的，这才是重点。女儿在看过关于冰球的电影后对冰球产生了兴趣，而且艰难地争取到了学习冰球的机会。众所周知，冰球并不是一项简单的体育项目，若想学好需要极大的毅力。如果我们马上满足了孩子学习冰球的愿望，也许孩子就会因为得到的太容易而轻易放弃，无法坚持到今天。

若想将孩子培养成一个充满学习欲望的人，要记住两点：第一，孩子主动学习才是关键，而不要寄希望于家长强求或劝说。家长希望孩子拥有浓厚的学习欲望，就要尽可能带孩子多体验生活、多增长见识，才能让孩子滋生学习的兴趣。第二，当孩子想学习什么时，不要马上答应下来。要知道机会越难得，孩子越珍惜，进而也会更加认真地对待并坚持下去。

兴趣背后的心理战

学习书法是女儿上小学五年级时发生的事情。妻子想让

2 习惯与态度决定人生的差异

女儿学习书法,而我也认为女儿除了运动和乐器,还没学过其他领域的技能,于是表示赞同。妻子带女儿去参观了书法展,在那里女儿第一次近距离欣赏了书法作品,顿时掩饰不住心中的喜悦。

"是不是觉得很了不起?"妻子在旁边稍加鼓励,女儿马上就动心了。"妈妈,我也学习书法好吗?"由此可见,妻子果然是心理战的高手。

我们从不盲目拉着孩子直奔培训学校,而是会想方设法让孩子自己说出"我也想学"。而这需要家长创造一定的环境,使孩子对相关领域产生好奇心与兴趣。

比如想让孩子学习书法,就带孩子去参观书法展览,或者给她看书法类作品集;想要孩子学习钢琴,就带孩子去听钢琴演奏会,或平时让孩子多听听钢琴曲。孩子的体验越丰富多彩,学习的欲望也就越强烈。

不过,孩子提出"我想学"之后的事情更加重要。千万不要认为孩子说"我想学"就意味着"无论学习过程多么艰

077

难，他都能坚持下去，不会半途而废"。"我想学"这句话就当是鱼儿出于好奇轻轻碰了一下鱼饵好了。如果这时马上提起钓竿，那是垂钓新手才会犯的错误，一个垂钓老手会选择耐心等待。所以当孩子初次表达想学的愿望时，需要趁热打铁再进一步确定。"是吗？真的想学吗？学习过程可能会比较累，你确定真的可以坚持下去吗？"这样一来孩子就会焦急起来，生怕父母拒绝。当意识到机会来之不易时，孩子才会燃起学习的欲望。

要借此机会为孩子明确目标。当女儿提出想学钢琴时，妻子郑重地告诉女儿："一旦开始学习，你就要学到车尔尼740系列曲目，因为只有那样才能达到不看乐谱弹奏的水平，这一过程需要相当长的时间，而且会很辛苦。你能坚持下来吗？如果想中途放弃，那么还是不要学了，不要浪费时间。"

开始学习跆拳道时，我们也曾事先跟女儿明确需要达到的目标——无法坚持达到黑带就干脆不要学了。当然，即便如此还是会出现女儿中途想放弃的情况："妈妈我不想学了，我不想去培训班了。"但如果事先不给孩子制订一个目标，孩子叫苦和动摇的情况就会更多。

2 习惯与态度决定人生的差异

当孩子的热情渐渐消失，学习态度懒散时，家长就要再次利用之前的方法强化孩子的学习动机和执行力。例如孩子不想弹琴了就带她去听演奏会，听著名唱片，并相互交流感想。切记，唠叨与批评是起不到什么作用的。

还有一点非常重要，那就是价格比较昂贵的乐器或装备不必购买，租赁就可以了，这能节约很多成本。如果购买了钢琴那种昂贵的乐器，每当看到孩子的学习效果达不到期望值时，家长便会心态崩溃，忍不住唠叨起来："花那么多钱买的钢琴，为什么不练呢？以后不弹琴了？"家长的这种唠叨只会加快孩子丧失学习热情的速度。

当女儿学习态度懒散，坚决不想继续学习时，我并没有勉强她，也没有说教或强迫她继续学习。我只是告诉她："现在放弃的话，以后再也不能学习了。即使你改变了想法重新要去学习，爸爸妈妈也不会同意的。"大多情况下，女儿会认真考虑后选择继续学习。

但是，如果孩子执意放弃的话，父母就要做出让步了。因为只有这样才不会影响孩子在其他领域的学习与发展。如果违背孩子的意愿强迫他学习某项技能，那么因此形成的抵触心理，会影响到孩子对其他领域的兴趣与求知欲。所以，孩子明确表示不再喜欢某个领域时，即便家长心中感到万分惋惜也要尽快放弃，把孩子的注意力尽快转移到其他的领域中去，这才是明智的选择。

孩子身边的一切，
都能成为最好的教材

自己解开的困惑

我是一个对散步情有独钟的人。在女儿很小的时候我就喜欢带着她四处漫步。大概是女儿5岁那年，一天傍晚，我像往常一样带着女儿散步。我发现女儿似乎对自己的影子格外好奇，路灯下的影子，忽而向前，忽而又后退，忽而又左右来回踱步。这样折腾了好一阵，女儿忽然抬起头来问道："爸爸，为什么影子一会儿变大一会儿变小？"我知道这个问题对于刚满5岁的孩子还尚有难度，但并不想敷衍了事，于是鼓励她说："是啊，影子一会儿变大一会儿变小。为什么会这样呢？你为什么不自己想一想呢？"从那以后，每次散步时，女儿的心思都放在了研究自己的影子上。看着自己的影子"神秘地"仰躺在地上，女儿歪着小脑袋思索着，看样子又有好多个问号冒了出来。但是任凭她把影子看穿了，依然无法轻易揭开影子忽长忽短、时而在前时而在后的奥秘。

就这样过了大概6个月之后，我有点动摇了，也许这个问题让女儿来解答太为难她了。妻子似乎也看不下去了，偶尔冒出几句埋怨的话。按照她的说法，给孩子充分思考的空间无可厚非，只是这种做法对于一个幼小的孩子来说未免有些不近人情，至少应该给她一点点提示才算公允。

再次外出散步时，我便给了她一点小小的暗示，提醒她不要只顾埋头去看影子，走路时别忘了看看路灯。孩子抬头望了望路灯，又低头瞧了瞧自己的影子，向前几大步，又倒退几步，反反复复……也许这种尝试让她渐渐发现了自己和路灯之间的距离与影子方向、长短之间有着密切的关系，她欣喜地跑过来，兴奋地喊道："爸爸！你看！我靠近路灯，影子就会变小，等我远离路灯，影子又变大了！路灯在我面前时，我的影子就会跑到身后，路灯在我身后时，影子又跑到身前了!"

尽管时隔已久,但是现在想起来,当时我内心的欣喜之情甚至超出了她被麻省理工学院录取时的喜悦程度。女儿没有因困难而忽略身边细微的现象,而是全身心地投入其中认真研究一番,非要探出个究竟。当然,对于最终结果,我的暗示起到了关键作用,不过让人惊喜的是,女儿最终能够独立解开内心的疑惑,这个过程足以令为人父者骄傲。

亲身体验的机会

在女儿的小学课程中,关于光与影的知识点安排在一年级的科学课中。老师利用手电和蜡烛,进行光与影的实验,大部分孩子学起来都会有些吃力,感到有些晦涩难懂。毕竟他们平时对这个领域不曾关注过,也不感兴趣,所以理解起来肯定会比较困难。老师讲到这个知识点时,女儿刚好回想起曾经在路灯下观察影子的经历,所以在整个学习过程中都听得津津有味。

要知道，孩子的思维能力并不是靠坐在书桌前啃书本培养出来的。对周围的事物和现象怀有极大的兴趣，并且用心去观察，这才是我们理应提倡的学习方法。而我们家长所要做的，就是尽可能地为孩子提供亲身体验的机会。

当然，孩子不可能凡事都去亲身体验。读书吸取间接经验、听听家长们讲解和说明也是很有必要的，但最好还是让孩子自己去体验、接触、亲近自然。其实我经常会怀念女儿5岁时与她一起散步的那些幸福时光，5岁的孩子对这个世界的一切都充满好奇，在他们的眼里，一花一草一沙石都充满神奇的魅力。和孩子散步时，你不得不放慢脚步，俯身倾听，而当你试图向他们看齐时你也会蓦然发现，不曾留意过的世界正向你揭开神秘的面纱。

养育之道

如何在生活中启发孩子的好奇心

● 孩子的眼里，有一个神秘世界

为了让孩子多体验多观察，家长带孩子去了公园，而孩子却在喷泉前流连忘返。此时，家长心里可能还惦记着让孩子在碧绿柔软的草坪上欢笑玩耍，看看奇花异草，对孩子一一说出那些花草的名字。但是要我说呢，还是由着孩子的兴致玩耍吧。因为来公园并不是要把公园看个遍，而是为了让孩子体验户外的新鲜事物。如果孩子对叮咚作响的喷泉深深迷恋，那么做父母的就应该满足一下孩子的好奇心。在这种事情上以孩子喜好为标准就好，让孩子看看他喜欢的事物，听听他想听的声音，岂不妙哉？

● 不要走进强迫的怪圈

让孩子亲身体验的目的在于让孩子通过观察，从中发现兴趣点和问题，这本身就是不小的收获。凡事一定要让孩子从中有所收获的这种强迫观念，家长一定要丢掉。家长理应给孩子留出充足的时间，让孩子好好观察，从中发现问题，唤起好奇心。此时，家长也可以视情况适时地向孩子发问，以此来激发和引导孩子的好奇心。当然，寻求答案，还是交给孩子自己来解决吧。有些孩子可能悟性很高，能立刻给出满意的答案；有些孩子可能慢半拍，需要足够漫长的时间去思考。但无论是哪一类孩子，都请家长务必相信他们，然后拿出足够的耐心去等待。

● 理想模式：户外体验，回家总结

我们应该给孩子足够的机会，让他们能够把在外面亲身经历的体验带回家里再细细整理一番。可以让孩子查阅相关资料或上网搜集资料，配合图片、文字记录自己的体验和感想。这部分以自愿为原则，千万

2 习惯与态度决定人生的差异

不能强求。"宝贝,刚才我们看到的鱼颜色是不是很美?我们用彩笔把它画下来好不好?""要是能看到给动物喂食就好了,这次没赶上真可惜。不如我们在书上找一找,看看这些动物爱吃什么吧?"这时家长应注意引导方法和技巧,仔细回忆一下体验互动环节中孩子表现出来的兴趣点或疑问,再自然地加以引导和拓展。

没有表达出来的想法，算不上想法

思维与表达的密切关系

每个人心里都有一把衡量他人的尺子。我的挚友是一位文学家，他对那些把文字组织得前后逻辑混乱的人深恶痛绝。按照他的说法，"连最起码的语法逻辑都驾驭不了的人，可想而知，做什么都没谱。"而我呢，最讨厌的就是无论问什么，态度永远都是不冷不热，千篇一律地回答"没什么"的人。也许有人会替他们鸣不平，认为这可能是因为他们笨嘴拙舌、口才不好的缘故，非也。这都是因为他们没有想法，才会以一句"没什么"来搪塞。

2 习惯与态度决定人生的差异

我们身边不难找到这样的孩子：无论是幼儿园的小朋友还是青春期的中学生，当你问"你为什么会喜欢这个"或者"你怎么会有这种想法"时，得到的答案总是"没什么"。如果你身边恰好有这样的孩子，总是用这句话作为回答，那么一定不要漠视。这种回答毫无逻辑性和推理性可言。回答出这三个字，就好比是他们在拿着喇叭向世人宣布："我是一个没有任何想法的孩子！"

思维力和表达力，二者之间有十分密切的联系。一个人思维能力出色，必然善于表达；而表达能力出色，思维能力也会得到相应拓展。一个逻辑能力、推理能力很差的人，若想要口若悬河、头头是道，是绝对不可能的。想要充分表达自己的意见和想法，必须以缜密的思维能力作为前提。换言之，**如果家长积极培养孩子的表达能力，那么对他的思维拓展也会十分有益。在日常生活中多给孩子一些表达自己想法和意见的机会，不但能让孩子的表达能力得到很好的锻炼，也能让孩子的思维能力同步增长。**

女儿很小的时候，我就要求她尽量用完整的句子来表达自己的想法。如果饿了，不要说："妈妈，饭！"而是尽可能地把话表达完整："妈妈，我饿了，我要吃饭。"即使是在身体不适时说"妈妈，我难受"，也要求她尽可能表达得简明清晰一些：比如哪里疼痛？疼痛得有多严重？切不要以为小孩子没法把事情说清楚。其实，如果平时能够多关注孩子，多给孩子自我表达的机会，那么孩子就会表达得越发具体、丰富、生动，甚至绘声绘色。

错误的"抢答"

很多时候，家长并没有意识到，正是他们在无意间剥夺了锻炼孩子表达能力的机会。这种错误不仅存在于家长身上，在照看孩子的老人身上也比较突出。比如在我们家，女儿大概两岁时曾由她的外婆照看过一段时间，那时每当我询问孩子一些问题时，岳母总是抢先替孩子回答，让我们很是尴尬。

我问孩子"今天过得好不好？"还没等孩子开口，岳母就抢先回答说:"好!好!"我接着问道:"你都玩了些什么啊?"岳母又立刻回答说:"在游乐园玩了一会儿秋千。"当这种情况重复多次后,我终于下定决心劝阻岳母。希望她能明白,我是为了听听孩子自己的想法才故意去问这些问题的,所以请她千万不要急着替孩子回答。孩子早晚都要学会自己表达内心的想法。

我也特别嘱咐妻子,千万不要试图当女儿的"代言人"。哪怕是在孩子生病求医时,也不要替女儿向大夫说明症状,而是一定要求她亲口向大夫说明自己哪里不舒服。即便在她犯了错,得罪了他人时也不例外。妈妈不要替女儿道歉,而是让她自己向对方表达歉意。

学习中也要给孩子创造机会,让孩子自己讲解那个问题是通过怎样的方法求得答案的。每当女儿做算术题时,我都会问她:"这道题你是怎么算的?""你为什么会有这样的想法?"女儿也会逐一向我讲解她的解题思路和解答过程。在这个过程中,我也可以对孩子的思维逻辑能力和创新能力加以衡量和把握。孩子自己也能够在这个讲解过程中得到一个"反刍"理解的机会,对自己的思路重新进行一番简明而清晰的总结。

有句话叫:"没有说出的爱,不是爱。"套用这句话,我想说的是:"没有表达出来的想法,不算想法。"父母千万别说什么"孩子真的很有想法,只不过不擅长表达而已"这样的话。

在我看来,一个人表达能力如何,就说明他的想法是怎样的。因此,作为家长,一定要多听听孩子自己的意见,鼓励他们大胆去表达,积极锻炼孩子的思考能力。

养育之道

如何锻炼孩子的表达能力

● 留心倾听孩子的想法，懂得接纳

很多家长经常信誓旦旦："没关系，心里怎么想的就大胆表达出来！"但是一旦孩子如实表达自己的想法时，家长又往往很容易忽略他们的想法，或者没有足够的诚意去倾听，这显然是无济于事的。想要培养孩子的表达能力，首先要学会倾听孩子的话，懂得接纳他们的一切。有时候面对父母的批评，孩子提出了反驳，这时父母也不要急着去教训他："臭小子（丫头），竟然还敢顶撞……"取而代之的是，我们应该换一种态度："嗯……听你这么一说，我觉得也不是没有道理。"作为家长，首先应该真诚接纳和认可，随后再说教也不迟！

● 左问右问，永远换来一句"没什么"

孩子总是说"没什么"，会让家长感到气不打一处来，但是请不要大声呵斥孩子。"你能不能给我好好说话？什么叫'没什么'？"估计你的一声吼叫，孩子早已被惊吓得如小鹿一般瑟瑟发抖，不敢吱声了。家长应该根据孩子的特性，寻找一种自然且柔和的说话方式来引导孩子。

如果是倔强、嫉妒心较重的孩子，可以试试激将法。"我看你不好好回答，一直说'没什么'，想必是不知道答案吧？"如果是胆小内向的孩子，家长不妨故意做出一些小失误，以此来激发孩子的积极性。"这是怎么画的？让我看看。咦？原来是只大熊啊。"孩子会觉得，原来家长也会猜错。这样气氛就会轻松许多，话匣子自然就打开了。如果是行动与反应慢半拍的孩子，家长可以从提一些答案简短的问题开始尝试，再慢慢过渡到需要经过思考再回答的问题。

2 习惯与态度决定人生的差异

● 用无字书培养孩子的表达力

滑铁卢大学的丹尼尔·奥尼尔博士曾提议,给学龄前的孩子多看一些无字书,并且让孩子给熊宝宝讲故事。两年后博士对这些孩子做了一个关于数学知识的测试,结果发现善于讲故事的孩子,相比语言表达能力略差一些的孩子数学分数要更高一些。这个结果并不意外,因为表达自我想法的能力和思维能力,二者是密切相关的。

这个培养方法的妙处在于它不需要多少钱,过程也不烦琐,十分适合在家里使用。家长只需要拿着无字书或者几张照片给孩子观看,鼓励他们自由编述巧妙的故事就可以了。此时家长应该记住,不要把故事向所谓的既定方向去引导,也不要强迫孩子。

3

在生活中耐心启发数学思维

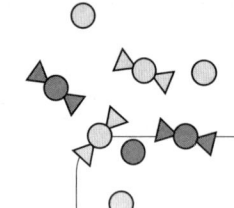

许多时候，我们的孩子并没有从数学学习中获得成就感。为什么？因为家长不但不肯耐心去等待，而且很容易失去耐心，试图代替孩子去找到答案。

喜欢独立思考的孩子，会和数学成为好朋友

热爱数学的孩子

许多妈妈都期望自己的孩子就是那个"热爱数学的孩子"。因为她们认定，只要孩子对数学发自内心地热爱，就会付出相应的努力，久而久之数学自然就能学好。

其实，喜欢某件事纯粹与个人的选择、兴趣和天性有关。所以，让孩子"去热爱"某种东西恐怕只是家长的一厢情愿罢了，更何况热爱对象还必须是枯燥的数学，这就好比让公主爱上青蛙王子一样，十分牵强且没有道理。

耐心等待是一种养育智慧

我和数学缔结特殊的缘分是在小学六年级的时候，当时，想升入中学都要参加入学考试。有一天，我正在做历年考题，却被一道数学题难住了，就连老师也觉得那道题很棘手，这反而激发了我的好胜心。不记得妈妈第几次喊我吃饭了，我依旧不理不睬，一直坐在书桌前解题。没想到我真的成功了！当时我心中的成就感和兴奋之情简直难以言表。我想，那感受应该不亚于牛顿发现万有引力那一瞬间的激动心情吧。

钓鱼爱好者通常在鱼儿咬住鱼饵的一瞬间能体验到手被拉拽的快感，他们对垂钓乐此不疲应该就是这个原因。其实，我在学习数学的过程中也能体验到这种快乐。一道深奥的数学题仿佛一团乱麻一样总是盘旋在你的脑海中，却不肯轻易给你攻破的线索。而就在某一瞬间，灵感如鱼儿浮上水面一样突然到来，会让你体验到刹那的快感。正是六年级那次绞尽脑汁后终于品尝到的解题快乐使我爱上了数学，也让我在后来成了一名数学教师。

想让数学成为你的至爱，你首先要体验到这种解题的快感。获得这种痛快而满足的成就感越多，越容易接近数学。但

3 在生活中耐心启发数学思维

是许多时候，我们的孩子并没有获得这种成就感的机会。为什么？因为无论家长还是老师，他们都不肯耐心去等待。家长很容易失去耐心，试图代替孩子去找到答案。

给孩子独立思考的空间，如同散步一样。对孩子来说，他们理解的散步可能是遇到小狗或蝴蝶，就去开心地追逐，路边的长椅要依次坐上去，遇到三轮自行车也要忘情地看上半天，孩子是在这样的散步过程中学会探索和认识这个世界的。如果家长只顾着满足自己的愿望，一味地催促孩子快走，那又会是什么结果呢？也许很快就能到达目的地，但是，孩子在路上走马观花，根本学不到什么。

对于学习，重要的不是结果，而是过程。同样的道理，在学习数学的过程中，重要的不是孩子如何解答题目，而是如何独立摸索解题方法。让人揪心的是，许多家长根本就不曾给过孩子独立思考的机会，而是急于直接教授所谓的快捷方法并获取正确答案，要求孩子照做。学校也不例外，老师们常常因孩子"不按套路出牌"，没有按照老师所教的方法解题而批评孩子。由此可见，灵活有趣的数学课，被孩子当作死记硬背的科目也是事出有因的。

耐心等待是一种养育智慧

独立思考的空间

女儿从小就是个家电维修能手。只要有新家电进门，女儿肯定会兴奋得手舞足蹈。一会儿摁摁操作按钮，一会儿捣鼓各种各样的旋钮，乐此不疲。通过一番摸索，不用刻意去看说明书，女儿便自然学会了操作方法。

而大多数家长都反对孩子接触家电。"别弄坏了！别弄脏了！太危险了！"总之，家长禁止孩子靠近家电产品的理由有很多。其实，就算孩子一通肆意操作，家电也没那么容易被弄坏。当然，危险物品除外。孩子正是通过这样的机会一点点培养独立思考、独立解决问题的能力的。

女儿3周岁时，我们最喜欢玩的就是"花牌游戏"了。你是否很惊诧，大学教授竟然教女儿玩牌？是的，没错。希望大家不要投来诧异的目光，这并不是教孩子赌博，而是利用花牌和孩子玩一些锻炼记忆的游戏。游戏规则很简单，就是将所有花牌背面朝上放置，每次翻开两张牌，若是两个相同的图案配上对就算成功，就可以把牌拿走。

3 在生活中耐心启发数学思维

在游戏开始前,我先给女儿介绍了全部花牌,并且告诉她每四张为一组花色,随后又讲了游戏的规则。游戏正式开始后,女儿果然不经思考,随意翻弄着花牌,如此反复。当然,第一次接触花牌不可能一下子把牌的图案和位置都记住,但是偶尔也有配对成功的时候。但这并不是凭借记忆力,只能说是凑巧或者侥幸罢了。说到玩牌的技巧,我自然比她娴熟许多,但是我不想永远做赢家。

想让孩子对游戏产生兴趣,就必须给孩子一种"我也能赢"的希望,这需要一番技巧。旗鼓相当,一张一弛,孩子才会从中体验到游戏的快乐。视情况偶尔输给孩子,也是非常必要的。

花牌游戏大约进行了两个月之后,女儿也渐渐产生了变化。当我翻出的刚好是她需要的牌时,女儿显得坐立不安。曾有几次,她甚至本能地把手放到某张牌上面,坚决不让我翻开底牌。看到孩子的反应,我当然是心里窃喜,因为这说明女儿已经记住了花牌的样子,以及它的位置。

经过几次小失误之后,女儿竟然想出了一套自己的游戏策略，即"把自己翻开的牌放到容易记住的位置上"。当然，女儿由于忙着记住自己扣下的牌，根本无暇顾及我翻开的牌。其实若想获胜，不但要记住自己手里的牌，还要仔细琢磨对方翻开的牌，所谓知己知彼，百战不殆。但是我并没有对女儿传授这套战术，因为对她来说，在游戏中独立摸索获胜技巧，远比获胜本身更为重要。而且，我怎能剥夺女儿享受独自发现新策略带来的喜悦呢？

随着女儿的年龄一点点增长，能玩的游戏种类也渐渐多了起来，但万变不离其宗，我始终坚持着一个原则，那就是不好为人师，而是耐心地等待女儿自己去摸索新的策略。随着女儿独立摸索和领悟的经验增多，她每次研究出策略的时间也变得越来越短。所以，**家长不应该急于告诉孩子答案，而是要给孩子独立思考和领悟的机会。家长代办，在短期内，效果可能会明显一些，但是从长远来看，这对培养孩子独立解决问题的能力及思维能力并没有益处。**

孩子做功课时家长在旁边盯着，也不是明智之举。家长坐在孩子身边看他做功课，理由可能有很多。有的是想监督孩子做功课是否认真，有的是想在孩子学习吃力时及时帮上

3 在生活中耐心启发数学思维

一把。但是一旦坐到孩子跟前，家长就会不由自主地想要参与或打扰孩子，而且也免不了唠叨。孩子学习好，意味着孩子掌握了学习策略，但是从小在父母唠叨下长大的孩子必会缩手缩脚，很难独立摸索出学习方法。

其他事情也是同样的道理。家长首先要给孩子自己尝试的机会，切不可因为心急或者不耐烦，就自告奋勇参与其中，等到孩子做错或需要援助时再出现也不迟。但这时家长切勿理直气壮地表示"你看，妈妈不是早就说了，要来告诉你的吗"，我建议家长换一种更合适的语气，例如"用不用我来帮你"，以此来强调解决这件事情时，起主导作用的人是孩子自己，家长只是协助而已。

想让孩子成为能够独立思考的人，家长应该适当放手，千万不能过多地干预。对孩子的关心是永恒不变的，但是不能直接告诉孩子答案或干脆参与到孩子的活动当中。**如果你直接告诉孩子做事的技巧和方法，你的孩子或许能领先一天，但是如果你耐心等待孩子自己去领悟，那么请相信，你的孩子将领先一生。**

养育之道

如何培养孩子的独立思考能力

● 提问，是最好的刺激方式

若想培养孩子独立思考的能力，最好的刺激方式便是提问。那些将孩子培养成为优秀人才的父母，都有这样的做法。比如，身边的事件或现象为什么会发生？将来会如何发展？如此向孩子持续提问，给孩子留出思考空间。曾经有一位父亲请求孩子做自己的老师，教他在学校里学到的内容。孩子为了教好这个特殊的"学生"，在课堂上更加认真地听讲，而在给爸爸讲解的过程中，孩子不知不觉间也温习和巩固了自己所学的内容。

3 在生活中耐心启发数学思维

● 无条件鼓励孩子提问

孩子的问题如天上的繁星,数不胜数。孩子提问时,做家长的不妨无条件地加以鼓励和赞扬。哪怕是看似微不足道的提问,也尽可能给孩子足够的赞许。"哇,这个问题真棒!""能提出这种问题,真是太了不起了!你是怎么想到的?"相信孩子听到这些赞扬,一定会感到自豪的。孩子对身边的事物存有疑问,想要进一步了解,这是多么难能可贵的精神啊,孩子当然有资格得到赞许。

相反,"妈妈也不太清楚啊""你还小,用不着知道这些",家长如果这样回答,那简直是糟糕透顶。这种回答不但会将孩子的好奇心扼杀在摇篮里,甚至还阻断了一切可能性。这种回答方式对于提高孩子的思维能力只会起到阻碍作用,因此累地对避免。

● 不要急于给答案,要适时地反问孩子

当孩子提问时,不要立刻回答。家长可以这样反问孩子:"那么,你是怎么想的呢?""这个嘛,该怎么办呢？"。这时，孩子就拥有了深度思考的机会。如果孩子不配合，"不嘛，还是妈妈来告诉我吧"，那么家长就有必要反省一下自己以往的教育方式了。回顾一下自己在过去，是不是每当孩子提问时，都会急忙给出答案，或者在孩子根本没有需求时也为孩子包办，急于替孩子解决问题？其实家长若能领悟到问题的症结，并非没有补救的机会，家长可以对孩子多加引导和鼓励，协助孩子独立找到答案。

如果孩子询问有关历史事件或概念性的问题，那么家长应该尽可能地给孩子讲解。即便孩子并不能完全听懂，也应尽可能讲解得生动有趣一些。不过，有一个办法远比这种体贴式完美解说有效且高明得多。"对于这个问题，爸爸妈妈也很好奇啊，你可以自己查阅一下，然后给我们讲一讲好不好？"一位首尔大学的学生妈妈，在孩子很小时，每当孩子问她陌生单词时，她都会引导孩子自己去查字典。这种习惯的养成，无疑锻炼了孩子独立思考、独立解决问题的能力。这时应注意的是，切不能直截了当地让孩子自己去查阅资料。

重要的是,要让孩子感觉到,你对他提出的这个问题有着同样浓厚的兴趣,并且一心想要探个究竟。"要不要妈妈和你一起查阅一下?"或者先让孩子自己查找答案,回头再问他。"刚才你问的那个问题,找到答案了没有?给妈妈讲一讲?"以此表示你对他提出的问题非常关注,这些都是不错的方法。

培养数学兴趣，用玩具就做得到

最具代表性的玩具选择

经常有人这样问我："教授，您平时给孩子选择什么玩具？"问问题的大多是学龄前孩子的家长。有的家长问："蒙台梭利教具或者某出版社的数学教具应该不错吧？"从他们的语气里不难听出，他们早已购买了昂贵的教具，只不过是想从我这里得到一点肯定而已。

我认为，其实根本没必要购买价格昂贵的高级教具。但愿这样说不会打击那些已经购买了的家长朋友。这种做法只会加重孩子和家长的负担。抛开其他不谈，只要看看这些教具庞大的数量和重量,恐怕孩子早已被吓坏了。小孩子好奇心重,但缺乏耐心,琳琅满目的教具,只会让孩子陷入混乱和彷徨之中。无论是玩具的数量还是类型,都应该控制在孩子所能接受的范围之内,才会有效。

不仅如此,这些价值不菲的玩具也会增加家长的烦恼。一般来讲,为了达到最佳的使用效果,家长都要接受专门的实操培训。这样一来又多出一笔额外的开销。

退一步讲,如果不去专门机构接受专业老师的指导,而是由妈妈直接辅导孩子,那么妈妈就必须下功夫去钻研。几番周折,何苦如此呢?另外,如果孩子对昂贵的教具兴趣大减,那么妈妈就会马上本能地去计算教具的成本,这价格昂贵的花销啊!于是妈妈不由地对孩子抱怨起来:"你知不知道这是花多少钱买的?就这么随便扔掉了?"很多家长没有意识到,这只会激起孩子的反感。孩子是极其敏感的,一旦感觉到压抑的氛围时,就会本能地退缩,不愿再去尝试。

孩子喜欢玩、长期玩的玩具就是最好的玩具,这个玩具不一定要多么昂贵。记得我女儿那个小熊毛绒玩具只是花很少的钱买来的，但女儿还是玩了好几年。有时候，那些免费的玩具反而更受孩子欢迎。

例如，我们小时候会叠纸船放到小河里，会叠纸飞机抛向天空，甚至会拿着巴掌大的树叶送给女孩子们，让她们过家家时当盘子用，这都是不需要花钱就能得到的快乐啊！

当然，那些问我如何给孩子挑选玩具的家长可能对我的回答并不十分满意。他们之所以询问我的意见，可能是因为我是一名数学教授，而且我女儿是数学系高才生，他们更希望能从我这里得到一些利于培养孩子数学思维的建议吧。

其实，我真的很少抱着培养孩子数学思维能力的目的去挑选玩具。只不过会在购买时遵从不买昂贵、刺激、危险玩具的原则罢了。

虽然想法很简单，但是现在回过头来看看，好像其中几个玩具的确对培养孩子的数学思维能力发挥了不可忽视的作用。其中，最具代表性的便是积木和地图。

积木的神奇力量

女儿是在美国度过的周岁生日。作为生日礼物,亲朋好友送了不少人气颇高的玩具。我当时想,除了那些布偶娃娃,有没有能让孩子爱不释手的玩具呢,随后一眼看中了一个动物拼装塑型玩具。该玩具的整体分为可拆卸的三组,头部、身体、尾巴,可以自由组装成狗、马、长颈鹿、大象等动物。

首先,我拿出那套玩具,给女儿示范了一番具体的玩法。"宝贝看看,爸爸给你拼个汪汪狗,汪——汪——!"我一边说着,一边找到狗的头部、身体、尾巴进行拼装。在女儿好奇的目光中,我又依次拼装完成了马、长颈鹿和大象。没想到女儿非常感兴趣,跃跃欲试。也许因为小狗是我们生活中最熟悉的朋友吧,女儿选择的第一个拼装物就是小狗。

但是对于刚满周岁的孩子来说,找出拼装小狗的三个拼件可不是那么容易的事情。经过一番"磕磕绊绊",女儿的

耐心等待是一种养育智慧

第一个拼装作品终于完成了。

就这样,过了不久,女儿不但可以熟练地拼装小狗,还能轻车熟路地拼装马、长颈鹿和大象等其他动物了。而出乎意料的是,当对这些动物的拼装变得日益熟练后,女儿表现出"不按套路出牌"的趋势。她开始饶有兴趣地故意将几种动物的身体随意拼装。女儿竟然将狗的头部和大象的尾巴拼接在一起,并且对这种"混搭"作品颇为得意。经过女儿的创造,"变异物种"诞生了。

乍看这一过程是漫不经心造成的,但是对于孩子的认知发育却具有不容小觑的意义。因为孩子若想拼装出完整的狗、马、长颈鹿和大象,要分别找到它们各自的头部、身体和尾巴,然后再拼装起来。如果没有对这几种动物进行辨别和分类的能力以及推理能力,这件事是不可能完成的。

我们也可以将孩子创造"变异物种"的过程看作一种对"个案数"的新的探索和尝试。她仅用区区 12 块拼图零件,就能拼出 64 种"变异物种",这对孩子来讲不得不说是难能可贵的。

3 在生活中耐心启发数学思维

回国后，我们还特意在韩国寻找这类动物拼装玩具，遗憾的是并没有找到。不过没关系，如果家长们感兴趣，完全可以自己动手制作一套。在家里自己动手制作塑料类玩具可能会有些难度，所以我建议可以利用纸质材料来制作拼图。选用厚一些的卡纸，先画出狗、马、长颈鹿、大象的样子，然后再用剪刀分别剪裁出动物轮廓，再将它们按照头部、身体、尾巴的部件分别剪成 3 块，共 12 块。整套纸质玩具制作起来可能并不是很简单，且使用寿命也有限，但是这款玩具完全具备了动物拼装玩具的特点，值得尝试。

女儿痴迷这款玩具大概 6 个月后，到了快 18 月龄时便将兴趣转移到了木质积木游戏上。这套积木是一位挚友割爱转让的，色彩艳丽，由圆柱、圆锥、正方体、正六面体等积木块组成。它就是最近在年轻妈妈中间广为流传、人气颇高的"baby 积木"。

女儿的玩法很简单，先是把它们摞得高高的，然后又毫不留情地一下子推倒，如此反复，乐此不疲。如果是家长，肯定会感到枯燥乏味，但是这个游戏过程同样不可小觑。在这种反复搭建积木的过程中，孩子不仅可以观察到积木的不

115

同形状，还会认识到不同形状的不同属性。

例如，圆形的积木上面是无法搭建其他积木的；正四面体积木由于其稳固的性质，结实牢靠不容易倒；圆锥积木则会在转动一圈后，乖乖地回到原点……这些都是孩子在玩耍过程中自己发现和领悟的，因此，相比于从书本中学到的理论知识，它能使孩子拥有更深刻的记忆，活学活用。

女儿两周岁时，我给她买了拼插式积木，也就是乐高积木。一开始，我选了一些数量少、块头大、容易抓握的积木给孩子玩，后来慢慢增加数量，并选了一些块头相对较小的积木。拼插式积木利用率很高，我认为非常实用，尤其是它能有效培养孩子的空间感。积木套装里面还配有拼装成品的立体步骤图，看懂这份平面图册，本身就是培养空间感的过程。孩子会在头脑中勾勒出成品图像，动手组装积木，把抽象的形状一步步转换为具体的实物。

虽然是女孩，但女儿却对过家家和医护游戏没有太多兴趣，唯独对拼插积木情有独钟。女儿的数学天赋的发掘，我觉得很大程度上要归功于拼插积木。

看地图的乐趣

其实，地图也能成为孩子的好玩具。一些价格不菲的数学教具和练习册，只怕也比不上地图带给孩子的乐趣。孩子通过地图摸索到达目的地的各种方法和路径，其实是在不断尝试找到更多的答案。寻找最有效的路径，事实上是在培养逻辑推理能力。而且孩子在拿着地图对照实际地理环境的过程中，也可以掌握方向感和距离感。因此，地图对于培养孩子的观察力、空间感、逻辑推理能力而言再好不过了。

我的一名学生曾面向小学四年级小朋友做过一项有关逻辑推理能力的问卷调查。当时，女儿正上小学一年级，由于我的这位学生"网开一面"，女儿也参加了这项测试。测试结果表明，女儿的逻辑推理能力接近小学四年级的水平。而能得到这样可喜的结果，我认为要归功于平时的"看地图"练习。

女儿最开始看地图是在她刚认识韩文的时候。那时，我每周都会带她去旅游，而在每次出发前，我都会打开地图，和女儿一起研究出行路线。"我们这周旅行的目的地是束草（韩国城市名）。让我们在地图上找一找，走哪条路最合适呢？"就这样，选择旅行路线成了我和女儿每次出发前必做的"科目"。

当然，一开始就让小孩子根据地图找到合理的路线，可不是一件容易的事情。首先要从在地图上查找城市开始练习，在孩子完全识字时就可以打开地图，开始查找城市的游戏了。"庆州市在什么位置呢？噢！那再找找浦项吧。"孩子对于查找城市的兴趣，一点不亚于玩"隐藏图案"游戏。

一旦孩子熟悉了地图和城市名称，就可以进入寻找最佳路线的游戏了。"这回，我们要从首尔出发去束草，中途要经过其他城市。看看怎么走可以更快些呢？"当然，刚开始还是要和孩子选一些路程较短的城市来练习。这样孩子也会获得一些成就感，对游戏保持兴趣。

在这个游戏中，你会发现孩子找到的路线有时并不是最佳路线。也许孩子选的路线在地图上看起来是最短的距离，但是从实际路况和当地的交通状况来看，未必是最理想的方

3 在生活中耐心启发数学思维

案。这时，建议家长向孩子进行解释和说明。比如，地图上看起来最短的距离有可能要经过国道，不过在国道上的行使速度却远远比不上高速公路。因此，有时候视情况选择高速公路出行，会更加快捷。

一旦和孩子在地图上选定了路线，那么就可以亲自去体验一番了。孩子会在行进的过程中亲身体验到地图距离与实际距离的差异。相信在孩子眼里，这种体验和领悟一定充满了新奇和激动。地图上看似很短的距离，汽车却要跑几个小时！通过这样的练习，孩子就会自然地领悟到，地图其实是通过把实际距离按照一定的比例缩小绘制而成的。

也许是得益于从小将地图当作玩具的经历吧，女儿在辨识地图方面可谓专家，堪称"移动的全球定位系统"。妻子曾惊喜地告诉我，初到美国时，女儿在旁边看着地图帮妻子指引道路，她开车去哪里都不成问题。孩子的方向感也非常出色，去过的地方从来不会迷路，而且地下通道的出口也能迅速找到。

所以，我想劝告各位家长朋友，在观看地图时，如果孩子凑过来并表现出浓厚的兴趣,千万不要用"小孩子看不懂,一边玩儿去"之类的话来打发孩子,而是要给孩子参与和学习的机会,让孩子也学会利用地图,寻找最佳路线。其实,抛开教育效果或者其他这样那样的借口,只是和家长孩子共享观看地图的时光也是一种快乐的体验。出门旅行前,和孩子一起拿着地图探讨"去哪里?如何走?"的问题,其中的乐趣,只有经历过的人才会懂得。

养育之道

如何用玩具培养数学思维

● 陪孩子尽情玩耍

在选择玩具时,除了要考虑是否符合孩子的智力水平,还要考虑孩子是否感兴趣。下面介绍几款有助于培养孩子的专注力、观察力、思维力以及情商的玩具。

"听说积木不错,狠心买回家,结果孩子根本不感兴趣,积木被扔到一边,都落满了灰尘。""我知道识地图收获多,但孩子不感兴趣……"有不少家长如此抱怨。我大概总结了一下,这种结果应该是以下两种情形中的一种所致。第一,家长给孩子购买了所谓优质玩具后再也不过问,以为大功告成了;第二,可能是家长购买了价格不菲的玩具后,迫切渴望看到孩子爱不释手的样子以获得心理平衡，所以操之过急。

　　在把玩具交给孩子时，重要的是让孩子自主地对玩具产生兴趣，而不是强迫他们。而家长陪孩子一起玩耍，是让孩子对玩具产生兴趣的最好方法。家长可以在游戏过程中自然地向孩子说明游戏规则，并且加以示范。当然，家长要时刻记住，游戏的主导权永远在孩子手中。如果家长忘记了这项潜规则，试图不断干预，指手画脚，那么孩子可能在那一瞬间就已经对玩具失去了兴趣。

● 给孩子体验成就感的机会

　　"这块插板弄得不对，要插这里！""那样不是绕路了吗？"其实，尽管孩子做得不够好，又何妨？不如顺其自然，家长们没必要事必躬亲。游戏的目的是让孩子自己品尝到成功的喜悦。因此即便是在孩子请求帮助时，家长也要适可而止，给出建设性提示即可，而不是事事包办，否则会适得其反。

● 当孩子专注于某件事时,不要去打扰

"我的孩子好奇怪,一整天只知道玩玩具。我很担心该不会是自闭症前兆吧?"曾有家长这样忧心忡忡地对我说道。其实,只要没有其他异常,我认为家长完全不必担心。有些家长会在孩子玩得兴致盎然时,刻意给孩子换一些别的玩具和游戏花样,以便带给孩子不同的体验。其实,即便是一件玩具,只要孩子能专注地玩耍,那么就让他尽情地陶醉其中好了。孩子的专注力表现,刚好说明这件玩具拥有能够吸引孩子研究和探索的闪光点,因此家长们应该给予孩子自由探索的空间和机会。

正确地数数，
在日常生活中自然学会

学数学的起点

"是不是我的孩子也应该开始学习数学了？"当家长意识到这一点时，首先想到的可能就是数数了。可是，真正要践行数学教育计划时却又感觉无从下手。

对孩子来说，数数远没有那么简单。**数数至少要具备三项技能**：首先，能够读懂数字的名称，即"1、2、3、4……"，而且要按照顺序读出；其次，要能够把物体和数字一一对应起来。比如面前放着两块糖，应依次说成"1、2"，才算是会数数。最后，要能够说出总数。无论是从左

3 在生活中耐心启发数学思维

向右数，还是从右向左数，其数量不会发生改变，这一点也要明白。

因此，家长没必要过早让孩子学会数数。当孩子两周岁时，有意识地多给孩子示范一下数数，这没什么问题。但是家长应该明白，这只是让孩子得到一次"体验和接触数数的机会"，而不是陷入"一定要教会孩子"的怪圈中，让自己徒增压力。

直到孩子开始对数数表现出兴趣，开始有意识地模仿时，就可以正式教孩子认读数字了。当然，并不是说一定要从 1 数到 10，或一味地让孩子背诵出来。

尤其是许多家长会依赖所谓的数学宝典之类的练习册，急切地让孩子回答："宝贝，你看看这里有几只小兔？""想想 3 的后面是几？"这种方式，真的让人不敢恭维。

如果孩子还处在学龄前，让那么幼小的孩子坐在书桌前，小手握着铅笔写东西，有必要吗？也许对一些家长来说，这样做是因为迫不得已的"正规教育"，但是在我看来，这只是家长单方面"急功近利"的表现。这种做法，不仅会让教育效果大打折扣，而且很有可能会把孩子推向"闻数色变"的逆反边缘。

日常生活中的数数

对于幼儿阶段的孩子来说，数数等学前数学内容完全可以在日常生活中进行，给孩子自然地接触和体验的机会，这就足够了。

在练习数字认读和拼写的过程中也要遵从让数学"生活化、自然化、渐进化"的原则。女儿是过了三周岁才开始认读和拼写数字的。也许是对于爸爸在纸张上写写算算的行为已耳濡目染的缘故吧，有一天女儿竟走到我跟前指着草稿本上的数字对我说："爸爸，帮我把它们画到本子上好吗？"于是我毫不犹豫地在她递给我的本子上写下了1~10。没想到女儿拿着笔歪歪扭扭地描着画着，尽管和严格意义上的书

3 在生活中耐心启发数学思维

写还有很大差距，但是看得出，她对这些很感兴趣。孩子对数字表现出浓厚的兴趣，为人父者，当然很是欣慰，但是仅此而已，我并没有对她强加什么。这样的事情反复几次之后，女儿不知不觉间已经能够熟练地完成1~10的读写了。

当然，我也不希望家长看到这里就立刻冲动地把写有1~10的本子递到孩子面前。可能因为我从事数学教育的原因，所以相比于其他孩子，女儿接触数字的机会更多一些，对数字的兴趣也就更多一些而已。如果是平时根本没机会接触数学的孩子，突然要求他们能够完成1~10的书写与背诵，对孩子而言无疑是件很痛苦的事情。**重要的还是家长要给孩子创造足够多的和数字接触的机会。多创造数学环境，那么即便没有经过刻意训练，孩子也会自然地学会认读数字1~10了。**

养育之道

如何正确帮孩子学会数数

● 多给孩子创造数数、认读的机会

其实在生活中，和孩子一起数数的机会是非常多的。上下楼梯、坐电梯、整理冰箱里的鸡蛋、叠衣服、削铅笔，当你在做这些事情的时候，默读"1、2、3、4……"，孩子也会自然地熟悉数数。当然，有一点不能忘记，那就是数完后别忘了问一句："那么，它们一共是几个呢？"如果缺少这一步，那么在数学启蒙方面，只能局限在将物体和数字一一对应的阶段了。

学习认读数字，同样也需要在生活中多给孩子提供一些关注数字的机会。你可以指着日历说"哦，今天是9月2日"，也可以在乘坐电梯时说"咱们现在要去 12 层"，然后让孩子伸手摁下 12 的数字键。散步时，和孩子一起读汽车牌照或者商铺电话也是个不错的办法。除了这些，也可以做些数字和物体联想的游戏，比如"什么像 1 又直又长？筷子！""什么像 8 胖嘟嘟的？雪人！"

● 如何数大于 10 的数

大概在女儿三岁时，她对 10 以内的数字已经非常熟悉了。有一天，我将 12 块糖放在盘子里，让她数数。"1、2……9、10。"接着她就不作声了，直直地盯着我的脸。我佯装没看见，问她"然后呢？怎么不数了"。女儿特意停顿了一下，才缓缓说道："哦，11、12。原来一共是 12 块啊。"

在教孩子读大于 10 的数字时，家长自告奋勇地马上说出 11、12 的方法并不可取。要给孩子一个思考 10 以上的数字如何数的机会。"哦？数到 10 了？还剩下几块糖。这时要怎么数呢？"至少要让孩子抱着这样的疑问思考一下。从 19 过渡到 20，29 过渡到 30，也是同理。在数学教学过程中，让孩子常常抱有疑问远比读懂"11、12"要意义深远得多。

● **如何数不规则排列的数**

无论是图形还是实物，如果是一字排开，大多数时候孩子都能够准确数出来，不容易出错。如果是不规则散开时，情况就会有些不同了。孩子很可能把已经数过的又重新数一遍，或者有些漏掉了根本就没数。即便是能够熟练数出 10~20 的三岁以上的孩子，也常出现这种失误。

这时，有些家长可能会忍不住提醒孩子用铅笔边划分边数数，或者把数好的先归拢到一边。这样做也许会收到立竿见影的效果，但却对孩子的智力发育没有什么帮助，反而会让孩子养成依赖父母，不肯自己动脑筋的坏习惯，可谓得不偿失。

最好的方法，还是耐心地等待，直到孩子自己领悟数数的要领。只有愿意耐心等待的父母，才能培养出具备独立思考能力的孩子。

● 用不同方式表达相同的数

当孩子逐渐熟悉各种数字之后，就可以尝试让他们用不同的方式来表示这些数字。例如，家长说："让我们用手指来表示'5'吧！"孩子可能会很快伸出小手的 5 根手指。"嗯，5，对了。那么，还有没有别的方法呢？"家长可以开导孩子拓展思考。那么孩子可能会左手伸出 2 根手指，再加上右手伸出来的 3 根手指表示 5；或者左手 1 根手指、右手 4 根手指伸出来表示 5。这时，我们就可以认为孩子已经对基本的数字概念，即数的守恒概念有了明确的认识。

测量工具，学习数学概念的好帮手

用量一量，代替数一数

几年前的秋日，我们去了一趟韩国西海岸的南塘里，希望一边品尝鲜美的大虾，一边欣赏当地浓浓的秋色。当时刚好赶上大虾庆典，所以带孩子来的游客也特别多。其中，有个五六岁的男孩儿很是活泼好动，很快引起了我的注意。记得那孩子好奇地左顾右盼，就像突然发现新大陆似的指着海面喊道："爸爸，你看，有那么多船！"而孩子的爸爸说的下一句话果然正如我所猜想的一样——"那你数数看！"天哪！为什么不能问"离你最近的是什么船"或者"你看哪艘船最大呢"？

3 在生活中耐心启发数学思维

在生活中给孩子提供数数的机会，这一点无可厚非。但是如果仅此而已，那么就该反思一下了。现实生活中有不少家长认为，只要让孩子多练习数数，就足以培养孩子的数概念。之所以这样想，是因为他们把"数字概念"与"数数和计算"混淆了。**对于数的概念，在比较事物的长短、宽窄、轻重、大小的过程中能够更深刻地领悟和认识。所以，仅仅问"它们有几个"是远远不够的，还要施加更强烈的抽象概念的刺激，才有可能培养孩子的数概念。**

要从小给孩子创造测量物体的机会，多多益善。家里配备体重秤、温湿度计、容积和体积不同的各种量具，然后让孩子尽情地去体验和了解。孩子在探索的过程中会渐渐地在脑海里形成长度和宽度、体积或容积等概念。

曾有一位小学一年级的教师在教室里放了一台秤。仅仅是把秤放在了那里而已，并没有给孩子们任何提示。每到课间休息，孩子们都会不约而同地聚集到秤的周围，纷纷把自己身边的宝贝放在上面称一称，甚至有些孩子还兴致勃勃地展开了猜重量游戏。出乎意料的是，在数月之后针对这个班级学生进行有关数的测量的测试时，该班级学生竟然获得了与小学三年级相似的可喜结果。区区一台秤蕴含的力量真的是不可小觑啊！

体验测量的方法

让孩子体验测量活动时，应注意以下几点：

第一，应使用以阿拉伯数字形式标注了量具刻度的实物量具。这倒不是说一定要学会读数之后才能去测量物体。因为我们让孩子体验的目的并非真的是让孩子去测量物体的体积或长短，而是希望他们能够通过测量物体的过程来观察物体的大小。

第二，读测量单位一定要用词准确。生活中，人们通常会把几千克说成几公斤或几斤，把几千米说成几公里或几里，甚至我们习惯读出数字而省略单位。但如果我们当着孩子的面，那么应该完整地读出"千克""千米""毫升"等正确的单位术语。

例如，在询问测量结果时要清晰准确，应该问孩子"体重是多少千克"，而不是问"体重是多少"。至于单位标注法，就不必急着教孩子了。如果孩子对秤上面的"kg"标记感到好奇，我们可以简单说明一下："刚才妈妈读出你的体重数字时，是不是后面加了'千克'啊？这就是它的写法。"

第三，细小刻度不必精确认读。例如，给孩子称体重时，刻度指向 13.7 千克。这时可以说"哦，距离 14 千克还差一些"，或者"嗯，快到 14 千克了"。测量身高时，如果是 92.3 厘米，那么也可以说"比 92 厘米高出一点点"。至于不必精确读出细小刻度的理由，我将在后面详细说明。

第四，测量工具不必分开购买，完全可以同时购置，这样效果会更好一些。尤其是秤和钟表，二者配合会有更好的效果，对孩子形成数的概念有很大帮助。孩子对秤和钟表的兴趣会很自然地延伸到汽车仪表盘上。女儿在坐车时，她的目光始终盯着驾驶座前面的仪表盘。"爸爸，这是做什么用的?"我希望在此时,家长们不要不耐烦地打发孩子说"这些等你以后就知道了"或者"爸爸正开车呢,别打扰我,好好待着"等诸如此类的话。希望家长们真诚耐心地给孩子讲解,哪怕孩子听不懂。"这是表示汽车行使速度的仪表盘。指针如果指向60,就表示汽车一个小时可以跑60千米。"

养育之道

如何帮孩子在生活中理解量的概念

● 洗完澡就去称净重

测量无须刻意寻找特定的时间来练习。和其他学习一样,测量也可以在日常生活中自然地学习和掌握,这样会非常有效。例如,市场里的物品秤随处可见,每当看到这些测量工具时,家长都可以让孩子顺便去测量一下。孩子洗完澡立刻去称净重,也是个不错的方法。如果能把每次测量的身高和体重变化用图表或图标标记在墙上,会更加一目了然。

● 用卷尺测量身体

大家可能对距离和长度更为关注,但是对于周长可能会有所忽略。其实,利用卷尺来测量孩子身体的各个部位，也是个很有趣的体验。"我们测量一下头围是多少厘米，然后再测量哪里呢？"胸围、手腕或脚踝的周长以及小腿的周长等测量项目，可以让孩子自己进行选择。

● 用厨房秤来做游戏

生活中有许多东西很轻，无法用体重秤准确测量，这时可以利用小巧的厨房秤来帮忙。孩子喜欢的玩偶、积木等，不管是什么，只要孩子感兴趣，都可以拿来称一称。捏一个面团，再准备一块橡皮泥，让孩子估算一下他们的重量，再把它们放到秤上称一称，同样也能让孩子兴致勃勃。当然，也可以比较其他重量相近的两个物品，先大概估算一下，再让孩子自己动手称量。

● 用多种方法测量身高

没有必要做硬性规定，每次给孩子测量身高都要用尺子。爸爸妈妈的手，也是不错的测量工具。或者用笔杆来测量，再把测量的结果与尺子测量的结果进行比较。看看哪种方式测量得更准确，为什么会出现不同的结果，和孩子一起思考和讨论。

● **起床后，看看温湿度计**

有孩子的家庭大多会预备一个温湿度计，其实它也是激发孩子好奇心的测量工具之一。在适合孩子观察的高度上放置一个温湿度计，让孩子每天早晨都观察一下温度和湿度。尤其是圆形的温湿度计，由于它的形状跟钟表比较接近，孩子也会更加感兴趣，可以和钟表、测量秤的认读练习齐头并进。

● **在大小不一的杯子里倒水**

在一只杯子里倒一些水，再取另一只杯子，向孩子提问："把杯子里的水倒入这只杯了，水会不会溢出来？"平时，孩子在喝牛奶或者酸奶时也可以预备一只杯子，让孩子观察一下，更换量具后牛奶或者酸奶会不会溢出来。这种经历有助于孩子对容量守恒概念的理解。

时间概念，引导孩子自己悟

"9点"的秘密

女儿在大概刚满两周岁的时候，身体协调能力日渐增强，对各种事物的兴趣大增。也许正因为如此，到了晚上她也迟迟不肯入睡，反而愈发精神抖擞，时常会缠着我们陪她一同玩耍。

作为爸爸，我实在不能接受女儿如同"夜猫子"一样的行为，决定采取一些强硬的措施。于是一到晚上9点，我就强行关灯，陪她一起躺下。

3 在生活中耐心启发数学思维

那时，每到 9 点，我都会指着钟表宣布："9 点了！该睡觉了！"一开始女儿比较抵触，但是坚持了一段时间之后，她似乎也明白了，于是不再耍赖。就这样，每天晚上一到这个时候，我就指着钟表宣布"9 点了"，这便成了我们的一种入睡仪式。

不过也多亏这一招，女儿养成了晚上 9 点睡觉的良好习惯。有时候到外面游玩，也是得益于这个生物钟，女儿一到晚上 9 点便会酣然入睡。

这样过了几个月之后，我发现了一个意外的惊喜。那天，我和往常一样宣布"9 点到了"之后就忙着铺被子。女儿却指着钟表摇了摇头："错了，不是 9 点！"我抬头重新看了看，孩子说得果然没错。确实不到 9 点，还差两三分钟呢。"哦？小家伙，都会认钟表了？不可能啊，数数还不会呢……"我心想，大概是她不肯睡觉，才会想出这样的说法吧。

第二天，我故意在 8 点 55 分时指着钟表说："9 点到！"女儿还是摇摇头，说："不对！""那么你说说，不是 9 点是几点?""不知道!"女儿如实答道。大概是她虽然不知道到底是几点,但肯定知道不是9点吧。

在我小时候,大家都以为学习韩语必须从基础字母开始学起。现在好像不必沿用过去那一套了,大家会直接教孩子读"爸爸""妈妈""牛奶"这些成形文字。我发现,孩子接受这些成形文字的过程相当有意思:如同在头脑里给这些文字拍照一样,把文字如实复制到大脑里。所以,首次接触文字的孩子对于"牛奶""豆奶"这些相近字词难以清晰地进行区分。等他们拥有了一定的辨别能力之后,就会领悟到字形的不同,并开始区别认读"牛奶""豆奶"了。

女儿能够辨别出钟表显示的不是9点,应该也和这种将整体景物复制进大脑的方法类似吧。每天晚上她都会在9点时反复观察钟表,因此9点时钟表的整体模样肯定根深蒂固地印在了她的脑海里。

后来,我由此受到启发,琢磨着是否可以用认读文字的方式来认读时间。想到这里,我便更加坚信即使不刻意去教女儿看时间,她也能自己摸索出看时间的方法。

随时随地报时

"长针表示分钟,短针表示小时。长针指向钟表盘的数字 1,就是 5 分钟……"这种方式无疑和学习文字时让孩子们先学会声母和韵母类似。我觉得不如一有机会就随时指着钟表告诉孩子当前的时刻,就像直接给孩子看单词卡片和故事书一样,会更加直观有效。

不同的是,观察时钟恐怕没有读故事书那么有趣。因此要想让孩子对时钟感兴趣,还要讲究技巧,把时间概念自然地引入到日常生活之中,而不是盲目地给孩子讲。比如,指着时钟告诉孩子:"来,起床了!已经 7 点半了!""现在是下午 3 点,该吃点心了!""哦,到晚上 7 点了,爸爸该下班回家了。"如果这样讲,自然就能引起孩子对时间概念的关注。

在孩子熟悉数字之后,家长应该有意识地在整点时刻指着时钟告诉孩子当前的时间。"你看,现在是晚上 7 点了。"点到为止,千万不要说"现在是长针指向 12,短针指向 7,也就是 7 点钟"。

耐心等待是一种养育智慧

等孩子熟悉了整点时刻指针的指向，就可以开始有意识地让孩子看非整点时刻的指针指向了。比如，在 8 点 5 分时指着时钟说："8 点了！"如果孩子没什么反应，那么指着钟表宣告整点时刻的练习恐怕还要再重复一段时间了。但是，如果孩子有了反应，反驳道"不是 8 点"，或者"过了 8 点了"，那么就表示孩子对长针的指向含义有了一定的理解。这时就可以说："哦，是 8 点 5 分啊。"

时钟认读能否成功，就看随后的日子里家长是不是经常向孩子询问时间。一有机会就问孩子几点了，然后给孩子读出钟表时刻："哦，7 点 49 分了"。至于讲解分针指到 1 是表示第 5 分钟，指到 2 就是表示第 10 分钟……这种拆分的讲解方法，我觉得没有必要。只要经常向孩子询问时间，练习效果会更好。利用这种方法，女儿大概在 5 岁时就完全学会辨认时钟了。

我所在的数学协会有不少会员是小学老师，其中一位老师为寻求一个有效的时钟认读法而犯愁，于是我提醒道："可以在黑板旁边挂上一块带有数字的大时钟。然后经常问学生们现在几点了。要注意，千万不要告诉他们辨认时钟

3 在生活中耐心启发数学思维

的方法。"

从那以后,这位老师在课堂上就会经常发问:"孩子们,现在几点了?"当然,学生不可能马上回答出来。这位老师便会自言自语地讲道:"哦,11 点 20 分了。"然后继续讲课。这样重复了大概 3 个月时间,奇迹出现了。几乎所有孩子都能准确地认读时钟,而且是精确到了分钟,即便是反应最慢的孩子,到了 5 个月时也能完全看懂时钟了。

其实,看时钟是孩子们颇感费力的一件事。现在,有不少孩子在入学前就已经学会了识字,而且可以流畅地背诵九九乘法口诀表。但是唯独对于时间概念,大多数孩子都是通过数学课来学习的。这也说明教孩子认读时钟不是一件简单的事。

只告诉孩子时间而不教授认读时钟的方法,简单而有效。就像悬念广告[①]一样,这将极大地激起孩子的好奇心。"明明分针指向 1,为什么说是 5 分呢?我觉得时针离 11 更

---

① 即一种在正式产品广告发布前发布的旨在吸引眼球、引发好奇的短广告。——编者注

145

近一些，但为什么不是 11 点，却说是 10 点多？"其实，这就成了认读时间和数学思考的一个聚焦点。因为这时，孩子已经产生了"为什么会这样"的疑问。

一天问很多遍"现在几点了"肯定不是一件容易的事。问了无数遍，孩子还一脸似懂非懂的表情，肯定会让家长很抓狂，恨不得拍拍孩子的脑袋，或者把孩子摁到书桌前数落一番。不过，还是让我们再耐心等待吧。不管是谁，时机一到自然就会，重要的是你要给孩子足够多的尝试机会。

养育之道

如何帮孩子认识时间

● 第一步：将时间和孩子的日常生活联系起来

将时间和孩子一天的日程联系起来。"看看，都7点了。该起床喽！""现在是8点半，该吃早餐了！""哦，3点了，去游乐园玩一会儿吧。""8点了，该洗一洗，准备睡觉了。""哦，现在是9点，得睡觉了。"在照看孩子日常生活的同时，经常指着时钟给孩子讲当下的时间，不仅有助于塑造孩子的生活习惯，还能让孩子在不知不觉中学会辨认时间，可谓一举两得。

● 第二步：整点时刻提醒看时钟

当孩子学会读数后，应该有意识地在每个整点时刻让孩子看看时钟。"我们看看现在是几点了。哦，是 6 点。""现在几点了？已经 8 点了？"千万不要试图解释为什么是 6 点，为什么是 8 点。尽量准确地读出时间就可以了，目的是让孩子自己记住整点时刻时钟的样子。

● 第三步：对孩子进行测试，故意说错时间

如果觉得孩子对整点时刻已经很熟悉了，就挑一些非整点时刻（差几分钟或过了几分钟），一本正经地说："你看看，这不是 8 点了吗？"如果孩子及时发现了家长的错误，那么就可以顺利进入下一阶段的练习了。如果孩子没什么反应，那么接下来一段时间要继续重复辨认整点时刻的练习。

● 第四步：随时练习，询问孩子当下的时间

只要有机会，就问孩子："现在几点了？"当然，孩子一开始可能并不知道，还得妈妈自己来回答。但是只要妈妈能耐心地坚持下去，成功就会在不远处等

候。有的家长可能觉得太麻烦了，还不如拿个本子直接告诉孩子看时钟的方法。但是家长要弄清楚，重要的不是让孩子学会认读时间，而是通过这个过程培养孩子的数学思维能力。练习的目的是让孩子自己动脑思考，自己学会看时间。家长不要急着告诉孩子答案，要沉住气，不厌其烦地问："现在几点了？"

● 第五步：使用"几分钟后"这个说法

如果孩子已经可以辨认时间了，那么家长就可以增加一些"几分钟以后""几小时以后"这样的表述。比如孩子问爸爸或妈妈几点回家，请回答"一个小时以后"，而不是直接说"8点"。在出门之前，也可以这样提问："我们会在30分钟之后出门。看看现在几点了？"孩子说："11点。"那么继续提问："哦，那么我们出门时是几点？"在孩子自己数着时钟刻度作答之前，千万不要告诉他。用这种方法如此反复提问，然后耐心等候，这就是家长需要做的全部了。

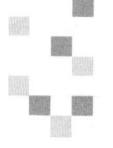

守恒概念，
试错越多就领悟越快

一个基础数学概念

中国古代有一则典故。传说宋国有个狙公，喂养了一群猴子。后来由于家道中落，狙公不得不减少猴子的口粮。于是他决定早晨给猴子 3 颗栗子，晚上则给 4 颗。结果这些猴子很是不满，竟然发脾气了。狙公便说："要不早晨给 4 颗，晚上给 3 颗？"猴子们听了，果然高兴地同意了。

猴子们为什么会上狙公的当呢？因为对猴子来说，它们不懂得什么是守恒概念。守恒定律，是指无论事物的外表怎样改变，其量的属性与实质不发生改变。固有的数量、长度、体积/容积、重量等，即使改变了它们的顺序或形状，还是永恒不变的。例如，5颗石子，无论是按照1厘米间隔排列，还是5厘米间隔排列，其数量是不会改变的。150克的橡皮泥，无论是捏成球状还是扁平的盘子形状，它的重量仍旧是150克。而"朝三暮四"的猴子，头脑中是没有这种概念的。它们如果懂得守恒概念，立刻就能识破狙公的心思，明白不管怎样变化，其实都是7颗栗子。

孩子也不例外。在他们完全具备守恒意识之前，无论是改变事物的形状还是顺序，孩子都会觉得，这些事物的数量、长度、宽度、体积/容积、重量，肯定会发生改变。记得几天前我在地铁里遇到一个大概5岁的小女孩。我问她几岁了，女孩伸出5根手指，回答说："5岁！"我左手伸出1根手指，右手伸出4根手指，并在一起，问道："是这样吗？"孩子摇摇头说："不是。"于是我又伸出左手2根手指，再加上右手伸出的3根手指，问道："是这样吗？"孩子依然使劲摇头。孩子的妈妈在一旁看不下去了，忍不住指责道："你这个小傻瓜，仔细数一数，这不是5吗？"其实这不能怪孩子，并不是孩子不够聪明，或者太粗心了。只是因为孩子头脑中还没有形成守恒意识而已。妈妈不懂这一点，于是冤枉了无辜的孩子。

守恒概念是指一个事物的量始终保持不变，是基础数学概念。如果不以此为前提，我们就无法完成任何事物的测量计算。如果物体的量的属性以及实体，因形状或顺序随时改变，那就不可能进行有关量的大小的测量，更别提加减法的计算了。

有意识的引导

应该如何去教孩子呢？一个物体的数量、重量、体积等量的大小，如果没有增加或减少，那么其总量是绝对不会发生改变的。任凭你对孩子解释一百遍，可能孩子也不会理解的，只能依靠孩子自己去领悟。那么，应该怎样帮助孩子独立探索，去领悟守恒定律呢？

第一个发现孩子头脑中的守恒概念尚不发达的，是瑞士

3 在生活中耐心启发数学思维

心理学家让·皮亚杰。他为人类的认知和智力研究献出了毕生精力，一生潜心钻研，是一位著名的儿童发展心理学家，他的理论为幼儿教育带来了巨大的影响，而他关于幼儿期数学思考力的相关理论，尤为著名。

皮亚杰称，孩子对于数的守恒意识，要到6~7周岁才会形成，而长度守恒的概念，要到8岁才会形成。以此类推，重量守恒概念在9岁形成，体积守恒概念在10岁形成。当然，个体之间可能会存在一些差异，但是在顺序上，必然会遵循这个规律来发展，而不可能超越或跨越其中某个年龄阶段。

不过在今天，随着孩子的年龄、认知能力呈阶段性发展，皮亚杰的这种理论，遭到了越来越多人的反对，我也表示怀疑。我认为，孩子的认知发育，不是依据年龄，而是根据日常体验而有所不同。守恒概念也是如此，孩子对它的认知并不是按照年龄段来划分，只要具备了适当的学习环境和机会，就会产生某种效果，带来某方面的提高。因此，有关数或者容积的守恒概念，只要孩子到了4周岁，就可以有意识地给予这方面的刺激。前面我已经讲过，可以尽可能早地给予孩子使用各种量具的机会,其目的也在于此。孩子会在使用工具测量长度、重量、体积的过程中,自然领悟到守恒概念。

生活中的守恒实验

记得女儿 4 岁半时,有一次我和她一起喝牛奶,突然想测试一下女儿是否已经对容积形成了守恒概念,于是立刻带她进入"实验"环节。首先我把两罐 200 毫升的牛奶,分别倒进两个细高的透明杯子里,告诉孩子这两只杯子里的牛奶是等量的。然后,我把其中一只杯子里的牛奶,倒进了一只宽口的粗矮杯里。随后,我一本正经地让孩子挑选哪一只杯子里的牛奶更多一些。

女儿一脸认真,仔细地观察这两只杯子,目光游移在细高杯子和粗矮杯子之间。小孩子肯定会对"更多的食物"情有独钟。因此,"挑选更多的那一个",应该是一个能够刺激

3 在生活中耐心启发数学思维

孩子去用心思考的好方法。最后，女儿选择了细高的杯子。可能在她看来，细高杯子里的牛奶看起来更多一些。这足以证明，女儿尚没有形成守恒概念。

我将粗矮杯子里的牛奶重新倒入细高的空杯子里，然后接着问女儿，哪只杯子里的牛奶更多一些？女儿答道："两只一样多。"而当我再次把细高杯子里的牛奶倒回粗矮杯子里时，女儿依然表示，细高杯子里的牛奶要更多一些。

第二天、第三天，我们的实验继续进行着。当然，对女儿的考验结果依然毫无变化。女儿还是依据杯子里牛奶的容积高度，来判断牛奶的多少，每次都选择那只细高的杯子。这样过了一段时间之后，也许女儿发现了其中的玄机。有一天，女儿对眼前的细高杯子和粗矮杯子仔细端详了许久之后，告诉我说："两只杯子里的牛奶是一样多的。""为什么呢？"我问道。"你看，在倒入这只杯子（粗矮杯子）之前，我注意到它们都是一样多的啊。"女儿终于觉察到了，无论倒入哪种形状的杯子，牛奶的量都是不会发生变化的。可以说，通过这个实验，孩子自己领悟到了容积的守恒概念。

而对于有关重量的守恒概念，女儿则是在过了几个月之后开始产生兴趣并提出问题的。有一天晚上，女儿洗过澡正在称体重。我指着家里的一只叫露珠的小狗问道："不知道咱们家的露珠现在多少千克了？"女儿听后，立刻抱起露珠放到体重秤上面。可是，还没等女儿看清楚上面的刻度，露珠就跑开了。女儿重新抱起露珠放到秤上，结果小狗还是不肯配合。

显然，女儿没有想到只要把露珠放到篮子里或箱子里，就可以避免露珠逃走。无论是把露珠放在秤上，还是把它放到篮子或箱子里，露珠自身的体重都不会发生改变，但女儿不可能明白这其中的守恒关系。如果她意识到了重量的守恒概念，那么她应该可以很轻松地称出露珠的体重。

在历时两个月的"给露珠称体重"的实验中，女儿得到了无数次的失败。每当我问道："看看露珠多少千克了？"女儿便兴致勃勃地把小狗放到秤上面。无一例外，每次都因为小狗跑掉而无法准确测量。

直到快 5 周岁时，女儿终于成功地为露珠称量了体重。

3　在生活中耐心启发数学思维

只见她从容地抱着露珠称完后,再把露珠放下,单独称了自己的体重。随后她将第一次称的重量,减掉第二次称的重量,这样便得出了露珠的体重(当时女儿已经学会了两位数的加减法)。

不得不说这是一个了不起的进步。在没有得到任何暗示和提醒的情况下,女儿依靠自己的力量解决了问题,真是了不起。而且,通过这件事,也说明女儿已经意识到了重量守恒的概念。无论是女儿和露珠一起称重,还是分别称重,露珠的重量都是不会改变的。如果没有意识到这一点,她是不可能想到用这种方法来得出露珠的体重的。

在女儿领悟一个个守恒概念的过程中,我们并没有操之过急,或者对她指手画脚。只不过是在每次想起时,就让她称一下自己的体重是多少。此外,就是耐心地在旁边观察和等待,允许她一次又一次试错。

孩子经历的失败越多,领悟守恒概念的速度也会越快。试想,家长根本就没有给予孩子试错的机会,结果会怎样?就算给了孩子试错的机会,家长一点耐心也没有,只是一味地责骂和讽刺，又会是怎样的结果呢？"哎呀，这么简单的问题都不懂！怎么这么笨！"在家长谩骂和催促声中，孩子或许可以领悟到守恒概念吧……

但是，相比家长耐心地观察和等待，孩子领悟的效果肯定大打折扣。就像我在前面反复强调的一样："尽早有意识地给孩子各种启发，但切勿操之过急。不要急着去教，也不要动辄就训斥孩子。要给予孩子足够的信任，去耐心等待。"这一段话同样适用于守恒概念的学习。

养育之道

如何带孩子在生活中理解守恒概念

● **有关数的守恒概念**

相比于其他守恒概念,孩子对数的认知会更早一些。只要孩子能够数数了,那么就可以认为,孩子已经大致掌握了一些有关数的守恒概念。我们可以通过下列方式来确认孩子是否已经掌握了相关的知识。例如,挑选孩子感兴趣的积木、石子、纽扣等,取相同数量,把它们排列成两行。值得注意的是,每组中小物体的间隔必须有所区别。然后问孩子:"看看哪行更多一些?"如果孩子已经有了守恒意识,那么就会回答两行一样多。反之,则会回答,间隔大的那行小物体数量更多一些。这时,家长可以这样回答:"嗯,我们一起数数看,1、2、3……哦,两行都是

3个哦。"给孩子试错的机会,让孩子自己发现自己的失误。

● 有关长度的守恒概念

我们可以利用美术课上经常用到的扭扭棒,帮孩子掌握有关长度的守恒概念。取两根长度相同的扭扭棒,先让孩子确认两根扭扭棒长短是相等的,然后把其中一根拉直,再把另一根折弯曲,然后问孩子:"看看哪根更长?"

如果孩子还没有理解长度的守恒概念,就会回答笔直的扭扭棒更长。这时,家长再把弯曲的扭扭棒拉直,让孩子重新比较两根扭扭棒的长短。等孩子确认了两根长度相等之后,再重复第一个过程。当然,除了扭扭棒,毛线、跳绳等,只要是孩子感兴趣的东西,都可以成为不错的"教具"。

● 有关宽度的守恒概念

准备两张大小相同的正方形卡纸。两张叠加,让孩子确认两张卡纸大小是相同的。把其中一张对折剪开，拼成一个长方形。问孩子："这两张卡纸哪个更大？"孩子可能会选择长度更长的长方形。可以多次重复这个实验，直到孩子发现，这两张卡纸大小实际上是相同的。孩子在反复对比中会逐渐明白，即便卡纸形状改变了，面积大小却不变，这个认知过程，需要家长耐心等待。"我知道了！它们一样大！"当孩子终于领悟到两张卡纸一样大时，一定要夸奖孩子："哇，好厉害，你是怎么发现的？"听孩子说说推理过程非常有必要。一张卡纸剪开后拼接成不同的形状时，如果孩子依然能明确它的面积大小并没有发生变化，那真是了不起的进步。就算没有一下子发现这个守恒秘密也没关系，千万不要急着去告诉孩子答案，这一点很关键。

● **有关重量的守恒概念**

在文具店买两块重量相等的橡皮泥。用厨房里的秤给两块橡皮泥称重，让孩子认真观察两块橡皮泥的重量是否相等。然后将其中一块捏成球形，另一块揉成蛇形，问孩子："看看它们哪个更重一些？"大部分孩子看到球形橡皮泥和蛇形橡皮泥时，都会说后者更重一些。这时，可以把蛇形橡皮泥重新捏成球形，让孩子进行比较。这个过程反复做几次后，孩子就能领悟到形状变化但重量不变的道理。或者让孩子重新称重一下，让孩子自己意识到，两块橡皮泥的重量是相等的。除此之外，还可以用人偶娃娃进行这个实验。当娃娃坐着、躺下，或者站立时，分别测量他们的体重，让孩子意识到，其重量并没有发生变化。

● **有关体积或容积的守恒概念**

黏土比较法，也可用于展示体积和容积的守恒概念。只要把问题"哪个更重"换成"哪个更多"就可以了。

可以利用形状、大小相同的积木做这个游戏。取16块相同的积木，拼搭成A、B两组形状相同的图案，让孩子确认哪一组数量更多。等孩子确认两组数

3　在生活中耐心启发数学思维

量相同后，将 B 组图案打乱，拼成新的图案，然后让孩子比较原来的 A 组和现在的 B 组的数量。确认拼搭的积木数量，是接触体积概念的基础阶段，和宽度守恒概念的形成过程相同。

牛奶、果汁、水等液体，也可以成为有趣的实验材料。将两盒包装相同的牛奶，分别倒入两只完全相同的杯子里，让孩子观察哪只杯子里的牛奶更多。通过观察和对比杯子的高度，孩子会发现两只杯子里的牛奶一样多。然后把其中一只杯子里的牛奶倒入大小、形状不同的新杯子里，继续让孩子进行比较，并问孩子"这回看看哪只杯子里的牛奶更多？"如果孩子回答高杯子里的牛奶更多，那么将高杯子里的牛奶慢慢倒入原来的空杯子里，继续问同样的问题。这个实验可以反复进行多次。家长没必要因为孩子没有立刻觉察到容积守恒不变的规律就伤心失望。经过几次实验后，孩子就可以渐渐领悟到容量守恒不变的原理。

加法和减法，最忌讳的是硬教

丢掉学习加减法的偏见

当孩子熟悉了数数，家长的下一个目标就是教孩子加减法。但是加减法教起来不可能一帆风顺。家长会问："5加1等于多少？"孩子会掰着手指，一个一个去数。而此时家长早就等得气急败坏了："你傻不傻？一只手还用数吗？当然是5了。5根手指再加1个是多少？"家长为了教孩子加减法而火冒三丈实在不值得。这时不妨记住以下三点。

第一，不要操之过急！虽然早期的刺激和启发势在必行，但是如果家长为了让孩子赢在起跑线上，不惜揠苗助长，只会造成负面后果。并不是你的孩子比别的小朋友优先学会了加减法，就和数学天才画上了等号。就像孩子很早开口叫妈妈，并不能表示他就是语言天才一样。许多妈妈一味地想要让学龄前孩子学会加减法，很大程度上是因为她们走进了一个怪圈，深信"数学＝计算"。要是如她们所期望的那样，计算学得好就等同于数学学得好，那该多好啊。但这只是家长的一厢情愿罢了。

第二，把纸张和铅笔丢到一边！ 我这样说并不是想要强调死记硬背的那一套方法。我只是想告诉大家，其实在日常生活中通过对话也能让孩子完全掌握加减法。做数学题必须依赖纸和笔，这是一种偏见，只会扼杀孩子的创意天赋。同样的道理，过早让孩子接触习题集也并不值得推崇。类似"1+2.5-3"这样的算术题，恐怕家长看了也会头疼，何况是孩子呢。所谓"寓教于乐"的故事式数学习题集也好不到哪儿去："小松鼠捡到 5 颗橡子，回家途中不小心丢了 2 颗，还剩下几颗？"为什么一定要把孩子摁在书桌前让他们写写算算呢？难道家长和孩子面对面地以讲故事的方式解题，真的就那么难以实现吗？

可能有些家长会说，我的孩子很喜欢做习题集。也许是吧，有趣的故事类数学习题集，确实很吸引孩子的眼球。但是这些家长有没有想过，上了小学以后，孩子依然能够对习题集保持昂扬的热情吗？

第三，一定要让孩子学会加减法？请丢掉这种强迫症式的想法。家长可以尽可能多给孩子在平时应用加减法的机会，但是不必去教他们具体的方法。"今天你喝了几杯酸奶？早晨1杯，中午1杯，晚上又喝了1杯。那么一共喝了多少杯呢？""你口袋里有4粒糖，给妈妈1粒，宝宝自己留1粒。那么还剩下几粒呢？"每当巧遇这种机会时，就可以进行加减法运算的熏陶。即便孩子一时茫然无措，也不必担心。下次遇到同样的情形时再用同样的方式提问就可以了。

如果连续几次提问后，孩子还是不知道如何回答，那么父母只能继续等待。总有一天，孩子会自己告诉你答案。只要会数数且理解能力正常的孩子，家长就不必刻意去教，孩子肯定能学会加减法。家长只需记住，在日常生活中多给孩子一些体验加减法的机会就好。

3 在生活中耐心启发数学思维

不教加减法的理由

我不赞成主动教孩子加减法的一个重要原因是，从父母那里学会所谓加减法技巧的孩子，只学会了一种方法。依靠自己的觉悟掌握加减法的孩子，则可以根据不同的问题，自行探索出属于自己的一套解题思路。

在日常教学中，给孩子们布置加减法作业后我总是不忘提问："你是用什么方法得到答案的？"结果发现一个十分有趣的现象，孩子们对加减法的解题思路五花八门。例如，7+8=15这道题，女儿告诉我的解题思路是：7加3不是等于10吗？这样，原来的8，还剩下5，所以加起来就是15了。

如果您的孩子回答："7加7不是等于14吗？再加上1，所以得出的答案就是15了。"这样的解题思路简直可以让人高呼万岁了。因为从孩子的叙述中可知，他拥有相当出色的数学思维能力。甚至有些孩子还没有接触九九乘法口诀，却已经发现"7+7=14，6+6=12"的数学规律，并把它应用

耐心等待是一种养育智慧

到加法运算中了。如果是这样，只能说明您的孩子具备了相当优异的数学天赋。

而涉及减法时，会运用到更多的方法和策略。10以内的加减法相对简单一些。但是诸如13减7这种两位数与一位数的减法运算，每个孩子采用的计算策略各有不同。我将女儿告诉我的解题方法进行了分类和整理，大致如下：

13-7=？
方法1：10-7=3，3+3=6
方法2：17-7=10，10-4=6
方法3：13-3=10，10-4=6
方法4：7+7=14，13比14小1，所以7-1=6

对于大部分孩子来说，方法1和方法3运用的次数可能比较多。如果运用了方法2和方法4，那么可以认为孩子对数学理念有不错的悟性。我曾经遇到一个一年级小朋友，他的思路让人眼前一亮。他的解题过程是这样的：3减去7，还差4。所以只能从10借来4，剩下6（即7-3=4，10-4=6）。这个年龄段的孩子能有这样的解题思路，着实令人赞叹。

3 在生活中耐心启发数学思维

通过这个实验,我确定了孩子们在进行加减法运算时会运用到许多方法。而在学校里,老师仍旧千篇一律地要求孩子们用统一的计算方法。

以前我女儿有一个习惯,总是喜欢从高位数开始计算。例如,28+34,先计算20+30,得出50,再加上8+4得出的12,就是50+12=62。而在学校里,无论是加法还是减法,老师都要求孩子必须从个位数开始计算。这种教学模式真的合理吗?

女儿入小学前本来已经学会了心算两位数的加减法,可惜的是上了小学后心算能力反而不如以前了。女儿在学校刚学完减法后,我给她出了一道题,没想到孩子急忙对我说:"爸爸等一下,我去找纸和笔。"明明有着聪明又可爱的小脑瓜,怎么就成了离开纸和笔就不会计算的孩子了呢?

令我遗憾的不是女儿的心算能力有所退步,而是女儿不再摸索其他方法,变得只会依靠学校教授的那一套方法进行计算了。这也是我反对教孩子加减法的理由。家长朋友也许会说:"不能输在起跑线上……靠孩子自己怕是摸索不出什么方法来。"于是家长便试图去干预,可能到头来不但没让孩子赢在起跑线上,反而使他们成了什么也摸索不出来的孩子。

3 在生活中耐心启发数学思维

养育之道

如何引导孩子快乐地学习加减法

● 对话，是最有效的学习方法

孩子开始接触加减法时，最有效的学习方法自然是对话了。"看看篮子里有几个苹果，数数看。哦，4个。从这里拿走1个吃掉，还剩下几个呢？""妈妈手里有3块积木，再放上2块，看看一共是多少块？"在幼儿期，相比于让孩子过早接触纸张、铅笔或习题集，还不如让孩子在平时多和爸爸妈妈一起参加互动游戏和对话，这样体验加减法，效果会更加显著。如果反复进行习题集形式的计算训练，或者急于让孩子接触加减符号形式的计算，孩子可能很快就会表现出厌烦情绪，家长应格外注意。

171

● 只管出题，让孩子自己摸索解题方法

在加减法训练过程中，给予孩子自己摸索解题方法的机会很有必要。家长若急于教授孩子方法，反而会阻碍孩子寻找独创的解题方法。家长要做的不是"教"，而是利用身边熟悉的素材，随时给孩子列出一些加减法计算题。如果孩子显得有些笨拙，这很正常，不必着急，耐心等待就好。正如学步晚的孩子照样可以跑得欢快一样，只要得到了适当的锻炼机会，孩子自然就能学会加减法。

● 手指头，是孩子的第一台计算器

孩子扳着手指头计算加减法，家长没必要加以斥责。对孩子来说，利用手指头算算术太正常了。这可是他们与生俱来的计算器，信手拈来，让他们尽情地利用和发挥好了。等到孩子的计算能力提高了，自然就不会再依赖手指头来计算了。

3 在生活中耐心启发数学思维

● 别忘了问问解题过程

当孩子完成了一些加减法运算后,别忘了问问他们计算过程。"反正就是那样算的……"可能孩子懒得回答,这时家长可以好好开导,耐心沟通,听听孩子的解题秘籍。孩子在阐述自己的计算步骤过程中,会不知不觉地对自己的计算方法进行一次梳理和总结。

● 认清补数,学习加减法不再困难

一旦孩子认识了补数,那么其计算能力将会有质的飞跃。某个数用另外两个数之和来表示时,这两个数,即是彼此的补数。例如:2 对于 10 的补数为 8,4 对于 5 的补数是 1。如果善于利用 10 的补数,遇到 4+7 便可以把它分解为 10+1。了解了补数,对于培养孩子的数学悟性非常有益。而且在小学一年级到三年级,补数一直都是重点教学内容,因此关于补数,接触越早越好。

女儿是通过"凑成 5""凑成 10"的游戏熟悉补

数这个概念的。记得那段时间，妻子经常会带着女儿做游戏。"来做个凑5游戏吧。我先来，3！"妻子宣战，女儿便会应战："2！"每次全家出游时，妻子和女儿在后座玩的游戏基本也是这个。对此女儿表现出极大的热情，有时甚至玩整整一个小时也不觉得乏味。

我们还有一个让孩子乐此不疲的原创游戏，那就是看车牌号，将车牌号上的4个数字相加。"6347"的车牌号，女儿一开始是按照前后顺序来计算的，"6+3+4+7"。不过在某一天，她突然对这几个数字做了重新组合，按"6+4+3+7"的顺序来计算。这说明女儿在进行这个数字相加游戏时，始终在头脑里琢磨怎样计算才能更快更有效率。这都是熟悉补数之后发生的可喜变化。

● 探索3减5的结果

孩子对减法熟悉之后，家长可以试着提问："5减3等于多少？"孩子会不假思索地回答"2"。接着提问"那么3减5呢"？大部分的孩子可能会眉头

3 在生活中耐心启发数学思维

紧皱，给出各种答案"当然是没有了""是零"。如果孩子回答"没法减"，那就说明孩子很聪明。如果孩子回答"还差 2 呢"，那就说明孩子对数学有着出色的感受力。

我并不是想表达那些回答"没有"或"等于 0"的孩子不够聪明。其实对于这个年龄段的孩子来说，给出这些答案都是很正常的。这时家长可以换个方式提问："那么 3 减去 3 呢？"孩子依然会回答"0"。那么我们接着提问："哦？那么 3 减去 5 呢？"孩子可能依然会回答："是 0！"但孩子会隐约觉察到异样，产生一个疑问："为什么 3 减去 3 是 0，3 减去 5 也是 0？好奇怪。"于是孩子便会开始琢磨这个问题。如果家长能够沉住气，在恰当的时候激发孩子继续思考的热情，那么总有一天孩子会领悟其中的秘密，然后告诉你："还差两个。"这个思维训练也为孩子将来学习负数的概念奠定了基础。

175

乘除法，
在潜移默化中练就思维模式

关于乘除法的简单尝试

"1、2、3、4……"孩子熟悉数数后，在计算物体数量时，会开始琢磨快速数数的方法。一组一组数，或者以"1、3、5""2、4、6"的方式跳着数。拿一大把糖块问孩子总数，他们可能会"2、4、6、8、10"地数给你听，甚至会用"5、10、15、20"的方式来数。有时候孩子也会根据情况，运用"3、6、9"或"4、8、12"的方式数数。看似没什么大不了的方法，但其实这是孩子们在乘除法上应用得非常棒的小策略。

3 在生活中耐心启发数学思维

乘法基础从分组记数开始。10块糖果，分别按照2块一组、5块一组的方式计数。等孩子数完后家长开始提问："一共有几块糖果？""刚才2个一组数，一共数了几次？""5个一组数，一共数了几次？"如果孩子回答："一共10块糖果，2个的共5次。"或"一共10块糖果，5个的共2次。"这样的回答真是太完美了。还可以给孩子12块糖果，再让孩子去数去分组。有时候可能分到最后还剩几块。"一共多少块糖果？来，你试试2块一组，然后是3块一组，4块一组，5块一组，这样一共可以分多少组？"

孩子按照父母的指示数完后，分别回答：

"2块一组时，一共6组。"
"3块一组，一共4组。"
"4块一组，一共3组。"
"5块一组，分了2组后还剩2块。"

孩子若能觉察到每组数量不同，得出的份数不同，这就是一个很大的进步。特别是像上述第四组计量法，能说出除了分成完整的2组外还有若干剩余，这时家长就要好好地夸奖宝贝细心了。可以平时多提"几个几组（几份）"的说法，让孩子熟悉和掌握。

如果孩子对此不感兴趣，那也不要勉强，以免揠苗助长。毕竟这个年龄阶段还用不到"乘""乘法"这些术语，也用不到乘法符号。小学阶段是用相同数字叠加的方式来教授乘法的，在孩子还不了解乘法的意义时，就要求他们熟练背诵乘法口诀，并不值得提倡。

关于乘除法的思维模式

女儿5岁时，家里来了两位小客人。我拿出24块糖，让她们分着吃，并在一旁观察孩子们是怎么分糖果的。女儿在每人面前分别放了一块糖，然后继续分第二轮。这个方法不错，可以视为除法计算的基础。在这个过程中，24块糖果每次减去3块，按照一人一块的分配方式，一共可以分8次：

3 在生活中耐心启发数学思维

24-3-3-3-3-3-3-3-3=0
(24-3=21, 21-3=18, 18-3=15, 15-3=12,
12-3=9, 9-3=6, 6-3=3, 3-3=0)

24每次都减去3，刚好能分8次，最终每人分得8块糖。孩子平时多接触这种分配方法，会慢慢领悟到还可以一次分2块、3块，这样会分配得更快更简单。孩子获得这种成功的体验后，对除法就不会产生畏惧心理了。

在学校里，老师是利用九九乘法口诀的逆运算原理来教孩子除法运算的。**但是，我觉得利用把相同数字持续做减法的方式熟练之后，再利用乘法口诀的逆运算进行除法练习会更加印象深刻。**

有一次，我观摩小学四年级的孩子进行三位数除法运算，假设被除份数后求具体值。一个孩子看着习题手足无措，于是我提醒他，除法运算其实是被除数反复减去除数的过程。被除数（某数除以另一个数时，最初的那个数叫被除数。例如 8 ÷ 4 = 2 中的 8）反复减去除数（除号后的数，例如 8 ÷ 4 = 2 中的 4）。孩子听到后很快计算出了商

179

和余数。

除法涉及乘法和减法运算法则,孩子们会觉得难度较大。所以让孩子从小接触和体验一个数反复减去另一个数的思维模式很重要,由此慢慢接触除法。不必刻意强调"除法",或者"÷"的用法,以免让孩子望而生畏。"平分一下""每人一份,分着吃",可以多次使用类似的表达方式,潜移默化,自然引导。

养育之道

如何在日常操作中帮孩子理解乘除法

● 在日常交流中自然体验乘除法

5 周岁的孩子已经可以在日常生活中自然地接触乘除法了。孩子可以一边说，一边动手操作。比如乘法，让孩子用 2 个一组、5 个一组，或者 3 个一组、4 个一组的方式计数；除法则按照把物品同等数量分组的分配方式，反复多次练习，但要控制好频率。对于尚未具备数学概念的孩子来说，过于频繁的尝试很容易过犹不及，所以，我们有必要将节奏放慢一些。其实，这个思维方式完全可以贯穿整个育儿过程。

耐心等待是一种养育智慧

● **为孩子创造更多机会，但方法留给孩子自己去摸索**

在乘除法运算中，同样要给孩子创造独立摸索解决问题的机会。如果家长直接告诉孩子答案，那么孩子就失去了独立摸索的热情。其实，家长只需要为孩子创造与加减法运算类似的情境就可以了。乘法需要分组记数，除法则是等量平分。

要让孩子自己在玩耍过程中去感悟，同时还能避免产生厌倦心理。孩子一时摸不到头绪，也没必要着急，家长耐着性子慢慢等待就好。不要因为没有立刻得到想要的答案就伤心失望。等待是一种智慧，我们总会等到孩子自己领悟的那一刻。等到孩子走出"困惑迷宫"时，别忘了问问孩子他们的分析思路和解决方案，在一问一答中，也能锻炼孩子的逻辑思维能力。家长只需要多鼓励多赞美就好，"这个想法真了不起！""很有道理呢"……

分数，早接触早受益

表达 $\frac{1}{2}$ 的机会

在小学数学阶段，孩子们普遍对分数运算感到格外吃力。那些对自然数掌握得游刃有余的孩子，进入分数运算阶段后也可能会感到束手无策。就连老师写在黑板上的一串串分数，都让人觉得很奇怪。而且"二分之一"这种读法实在是难以接受，听起来陌生且不流畅。

其实，孩子到了四五岁，就完全可以理解分数了。孩子们之所以感到分数运算十分困难，其实是日常生活中接触较少的缘故。对于自然数，孩子从出生起就频繁接触了，而分数则直到上小学后才突然出现在数学课本中,也难怪孩子们会感到陌生和难以理解。大部分家长常常会让孩子早早地背诵九九乘法口诀,却很少让孩子早点接触分数原理。等到孩子上了小学三年级每天和分数相伴时,家长才想起给孩子恶补分数知识,这个时候已经晚了。

我是在女儿4岁时开始有意识地让她接触分数的。方法其实并不复杂,只是在日常生活中,每当有适宜的机会就尽量用分数来表示。比如遇到"半""一半"时,坚决用"$\frac{1}{2}$"来代替。例如玩折纸游戏时,把"对折一半"说成"$\frac{1}{2}$对折"。递给孩子4块糖时说"只许吃它的$\frac{1}{2}$",而不是说"只许吃一半"。

"$\frac{1}{2}$"的含义,不必去解释。因为"半"和"一半",同样是在对其未作任何解释的情况下,就开始使用的。"把蛋糕切成$\frac{1}{2}$""把这个苹果吃掉$\frac{1}{2}$",如果孩子从小就对"$\frac{1}{2}$"的用法耳濡目染,那么对分数的含义,应该也不难理解。

3 在生活中耐心启发数学思维

等到孩子已经习惯用"$\frac{1}{2}$"来表达时，就可以向"$\frac{1}{3}$""$\frac{1}{4}$"的用法逐渐过渡了。方法同上，试着在日常生活中使用"$\frac{1}{3}$""$\frac{1}{4}$"这样的表述。"爸爸、妈妈还有你，每人吃$\frac{1}{3}$个苹果""比萨先吃$\frac{1}{4}$，剩下的过一会儿再吃"。

我的女儿从5周岁起，就很自然地学会了使用"$\frac{1}{3}$""$\frac{1}{4}$"。由于我们是三口之家，在生活中使用"$\frac{1}{3}$"的机会更多一些。因为平时分享美食时，我们会按照"友好平均"的原则，倡导"每人吃$\frac{1}{3}$"。

$\frac{1}{5}+\frac{2}{5}$ 的结果

看似简单的方法，效果却着实不凡。下面讲一件发生在女儿入学前的事情。有一天全家人正在看电视，偶然看到韩国教育电视台正在播放小学三年级的数学课程。电视中老师正在黑板前讲解："现在让我们一起来解题$\frac{1}{5}+\frac{2}{5}$。"老师边讲解，边准备解题。我抱着试试看的想法问女儿能不能解出这道题。当时女儿对于 $\frac{1}{5}$ 还算熟悉，但是并不会书写，更没有学习过分数的加减法。但惊人的是，女儿随手拿过身边的写字板，写了个大大的 $\frac{3}{5}$。

其实大部分孩子在第一次接触分数时，理所当然地以为 $\frac{1}{5}+\frac{2}{5}$ 应该等于 $\frac{3}{10}$。所以如果孩子回答 $\frac{3}{5}$，则说明孩子对分数的概念理解得非常准确。难道是女儿特别聪明不成？我却不这么认为。只要孩子在日常生活中自然地接触到分数，并且领悟了分数概念，任何孩子都能够做出准确的回答。当然，我并不是鼓动大家早早地对孩子进行分数的加减法教育。这些内容留到他们长大后，在课堂上学习也为时不晚。想要一口吃成胖子，只会让孩子对数学失去兴趣。

在幼儿期，只要能让孩子接触和领悟到分数概念就足够了。只要做到这一点，到了小学阶段学习分数时，孩子就会兴趣盎然，如鱼得水，学得不亦乐乎。

养育之道

如何帮孩子在生活中认识分数

● 从 4 岁起开始学习分数

别的暂且不说，概念性的问题还是越早接触越好。在分数领域，其实孩子从 4 岁开始接触完全没有问题。我并不是提倡孩子做书写之类的练习，而是让他们在日常生活中自然地使用"$\frac{1}{2}$""$\frac{1}{3}$"这样的表述，以帮助孩子自己领悟分数的概念。

● 日常用语中多融入一些分数术语

用"$\frac{1}{2}$"来代替"一半"。不必去解释何为"$\frac{1}{2}$"。当苹果、蛋糕、比萨等切了一半时，就可以对孩子说"切了$\frac{1}{2}$"。孩子会根据具体情境猜测其含义，依靠自己去领悟，这才是真正的学习。当孩子熟悉了"$\frac{1}{2}$"

的说法，就可以逐渐过渡到"$\frac{1}{3}$""$\frac{1}{4}$""$\frac{1}{5}$"等表述，让孩子慢慢熟悉和习惯。

● $\frac{1}{2}$大，还是$\frac{1}{4}$大？

一旦孩子能够在日常生活中自由运用分数，那么不妨再扩展一下。"妈妈要把苹果切开。你是要吃掉$\frac{1}{2}$，还是$\frac{1}{4}$呢？"孩子如果准确掌握了分数的概念，那么肯定会立刻分辨出"$\frac{1}{2}$"和"$\frac{1}{4}$"哪个更大。如果孩子对此感到吃力，那么就实际演示一下，把苹果切开，然后让孩子对苹果的"$\frac{1}{2}$"和"$\frac{1}{4}$"进行比较。

小数，抓住生活中的提问时机

在 13 和 14 之间

　　有时候和女儿一起看磅秤，我常常感到困惑。因为刻度指针很少有恰好指向整数的时候，倒是指向两个数之间的时候更多一些。此时，可以选择指针更靠近整数的那个数字读给孩子听。例如 10.3 千克，可以说"哦，10 千克稍微多些"，如果是 10.9 千克，可以说"差一点就到 11 千克"。没必要强求表达得十分精确，这样做是为了给孩子留下想象的空间。就像前面讲到的让孩子独立认读时钟一样，小数点认读也可以用这套方法来解决。

不提醒，不去教，关键是给孩子创造机会让他们自己提出疑问。指针没有恰好指在整数数字上，这时肯定也有办法读出来的，不过应该怎么读呢？有时候因为器具的刻度模糊，孩子无法准确识读。女儿4岁半时，有一次称量体重，体重秤的指针准确地指向了13.5千克。女儿盯着刻度观察了半天，然后一脸好奇地问我："爸爸，这该怎么读呢？"

女儿能提出这样的疑问，我很高兴。我告诉她这个问题提得很棒，很了不起。但我并没有急着教她怎么读，面对女儿的问题我最擅长"反问"："你认为怎样读会好一些呢？"女儿思考了半天，缓缓地说："它在13和14的中间。"我对她能够准确地分辨出数的范围，又表扬了一番，没多说什么。但女儿似乎对于自己的表现并不太满意，这是什么数？不是13，也不是14，却偏偏在13和14的中间！

3 在生活中耐心启发数学思维

冥思苦想后的答案

第二天,女儿又提出同样的问题。因为这天称体重,指针同样指向了 13.5 千克。我仍然像第一天那样反问道:"这该怎么读呢?"女儿的回答仍旧是这个数在 13 和 14 之间。于是我又夸奖了小家伙,告诉她读得很好,可是女儿的不满情绪表现得更加明显了。

这样的情况大概重复了 3 天后,女儿得意扬扬地站到体重秤上。看来她肯定是发现了什么,才会如此高兴。看到指针依然指向 13.5 千克,女儿一脸灿烂地笑着说:"13.5 千克。"我说完"很棒",接着问她是怎么知道的。得到的答案却是"从隔壁上中学的姐姐那里学到的"。

既然迟早都要问别人答案,为什么不干脆早一点告诉孩子呢?也许有人会这样反问。在我看来,女儿连续几天都在为如何读出 13.5 千克而冥思苦想,这一点应该是最可贵的。如果当初我立刻告诉她读作 13.5 千克,后果是什么呢?可能孩子很快就忘掉了那个数字吧。而经过几天冥思苦想换来

191

的答案，意义肯定大不相同。从那以后，女儿每次在磅秤或者尺子上发现 0.5 刻度时，都会欣喜万分地大声读出来。对数学的自信心，正是通过这样的经验一点点累积形成的。

孩子需要的不是博学多才的父母，也不是万事通家长。懂得倾听孩子的任何问题，对于孩子的困惑感同身受，珍视孩子的每一个看似不起眼的发现并精心呵护……这才是孩子最想要的吧。

养育之道

如何在孩子幼儿期引入小数概念

● 耐心等待,直到孩子对其产生兴趣

通常孩子在测量物体读取刻度时最容易接触到小数。我建议家长不要直接告诉孩子具体读法,只说出大概的范围就可以。理由如下。

第一,数学不可能永远都以精确的整数形式出现。有时候需要对长短、高低、大小做一个大致估算并加以灵活运用,所以要培养孩子能够视具体情况做出合理估算与应用的技能。

第二,耐心等待,直到孩子对刻度的准确读法产生兴趣,这相比于教孩子学习小数的概念,显然更具数学意义。

所以,家长不必精确地读出"是12.9千克",而是告诉孩子"大概是 13 千克""13 千克还差一点点"，这样就可以了。至于精确认读，等到孩子对小数表现出浓厚兴趣时再教也不迟。

● **适时反问孩子**

在模糊认读刻度阶段，如果遇到 12.5 或 11.5 这样的数值时，孩子可能会有些迷茫。"这该怎么读呢？"当孩子对它的读法充满好奇时，正是家长教孩子小数读法的好机会，小数认读仅仅依靠孩子自悟恐怕不行。这是约定俗成的东西，有属于自己的读法，因此只能去学习。不过为了激发孩子的好奇心，培养孩子独立思考的能力，适时提出相关问题还是很有必要的。"你觉得应该怎么读呢？"

● **小数概念留到以后慢慢学**

"这个刻度该怎么读呢？"可以反复多次地激发孩子的这种思维，逐步挑战小数的认读。一开始从 0.5 读起，再慢慢熟悉 0.1、0.2 等其他小数，多给孩

3 在生活中耐心启发数学思维

子练习的机会。孩子学会了读小数,并不表示他们对小数的概念已经了解了,如果再深度灌输小数概念,就有些操之过急了。"来,注意看。1 厘米是 10 个 1 毫米之和。所以 1 毫米,等于 0.1 厘米……"这种解说,任凭家长如何费尽口舌都无济于事,这样做只会导致孩子对小数失去兴趣。尽可能多地给孩子创造认读小数的机会,但是具体概念还是等他们将来自己去领悟好了。

多位数认读，从身边找素材

等孩子感兴趣的时候

对家长来说，三位数、四位数的计算都不成问题。但是对孩子来说，就是另外一回事了。多于三位数的数，要等到小学二年级才开始接触，这说明多位数的认读远没有我们想象得那么简单，也可以理解为小学二年级之前没必要提前接触多位数。仅仅熟练认读多位数，并不能说明孩子在数学方面天分出众。所以，没有必要在学龄前就提前让孩子学会认读多位数。

最近有不少年轻妈妈，在墙上挂上数字挂图（从 1 到

3 在生活中耐心启发数学思维

100），时不时地让孩子跟着认读，这种方法让人不敢恭维。妈妈领读 1 到 100，再让孩子跟着读，这个过程中有一个较长的间隔。由于孩子的专注力天生较差，因此这种"长战线"的跟读练习只会让孩子身心疲惫。一旦孩子形成"爸爸妈妈总是强迫我学东西"的心理更是得不偿失了。这将导致孩子脑海里留下了"数字＝枯燥乏味"的印象。

如果一定要教，那么可以挂上数字挂图，但是要等到孩子产生兴趣时再加以引导。等到孩子发问"这该怎么读"时再开展训练，是最恰当的时机，也会带来更好的效果。说到这里，我又担心大家会误解。当孩子第一次提问时，就兴冲冲地从 1 教到 100，恨不得一天建成一座罗马城，这样做是不可取的。重要的是家长如何让孩子的好奇心和求知欲保持新鲜持久，想要达到这个效果，就需要花些心思。其实，我们要做的就是仅限于就孩子提问的内容进行回答就好，不要贪多求全。

其实，生活中的一些素材，相比于数字挂图更适合做生动教材。例如挂历、电子表、价格表、收据、银行排号单、棒球队员球衣号码、住宅区楼栋编号、电话号码、车牌号……在日常生活中孩子能接触多位数的机会比比皆是。如果孩子对其中的数字号码表现出浓厚的兴趣，那么家长应该"逮住一个念一个"，不要错过任何一次机会。尤其是11、111、1111这种重叠数更是认读练习的好机会，一定不能错过，家长应慢慢读给孩子听。类似3798这样的数，由于每个数位的数字均不同，因此读数时不仅要注意不同数位的读法（个、十、百、千），还要注意每个数位对应的数字（个位数8，十位数9……），这些都容易让孩子分神。而3333这样的数，由于每个数位的数都是相同的3，因此孩子在读数时，只需关注数位的读法就可以了，可以让孩子把注意力完全集中到数位上，也就能更有效地认读高位数了。

关于计数的两个技巧

如果孩子对认读高位数已经十分熟练，那么就可以测试一下他是否掌握了记数法。所谓记数法，就是利用数字来表示数的一种方法。例如，"四千四百七十七"，用"4477"

来表示。记数法，也属于社会约定俗成的数学范畴，是人们对于"该数表示为××"的一种默契认同。因此，计数法不是仅靠孩子自己领悟就能完全掌握的，孩子需要家长的悉心教导才能逐渐掌握。

家长可以用简单的方法来确认孩子是否已经掌握了记数法。给孩子45颗围棋子，同时提问："按照10颗一组的方法，看看这些棋子一共能分成几组？"如果孩子回答："一共4组，还剩下5颗！"那么，我们可以接着提问："哦？那你在这张纸上把刚才说的写下来。"大部分孩子对于认读"45"并不陌生，但是对于书写就会显得手足无措。没接触过记数法的孩子往往会在这时把"45"写成"405"，甚至"4105"。

并不是说在幼儿期就要求孩子必须掌握记数法。如果家长坚持要教，那么可以试试下面两种方法。

第一，利用图表计数。

让孩子观察图表，并加以说明："就像这个表（见表3-1）

一样，我们可以把'45'，写成这样。"

表 3-1 用图表计数

10 为一组	1 为一组
4	5

第二种，以卡片形式计数。

如图 3-1 所示，制作两张卡片，把写有"5"的小卡片叠加在大卡片的右端位置。"你看，40 还多出 5 个，所以把卡片进行叠加。这就是 45 的样子了。"

```
         4       0
                 5
```

图 3-1

最后我想提醒一下，有些妈妈为了让孩子掌握记数法，要求孩子从 1 写到 100，其实这个方法没有一点儿创意，所以建议不用。这不仅会让孩子对数学心生反感，还会变得厌学，甚至连面对书桌都很抗拒。

空间感，从游戏和经验中培养

空间感的重要性

空间感和我们身边的的大量生活细节有着紧密的联系。空间感，是指我们对于身边的环境、位置、方向的一种直觉，是对身边物体的状态、类型、形状等的移动和摆放位置在头脑里进行映射和想象的能力。

正是有了这种空间感，我们依照建筑平面图便可以大致想象出建筑物真实的样子，或者把空空的易拉罐准确地投掷到较远的垃圾桶里，甚至我们在迷宫一样的百货商场里不会轻易迷路，也是得益于这种空间感。

一位教育专家曾说过，空间感是人们进行读写、运算、涂色、运动、识别乐谱、绘制地图等活动必须具备的能力，所以说，空间感对学习有很大的帮助。有的心理学家认为，空间感的存在对于孩子的情绪稳定也有很大的影响。人们往往有一种倾向，那就是对于自己熟悉和理解的事物感到安全。空间感有利于孩子了解自己身处的环境，以求得内心的平衡，即安全感。

基于这个原因，数学教学活动中关于空间感的内容所占比例也越来越高。以前曾有不少学生抱怨，由于当时的教学内容大多是图形概念、属性等非计量类理论内容，主要是围绕着长、宽、高等计算内容为主，因此只要看到"空间"二字就感到头痛。而近年来，教学内容注重观察和探索生活中的实物，而依靠动手操作来培养孩子直观能力的新理念逐渐受到人们的重视。玩沙子、戏水、美术等对空间进行重组和填充的寓教于乐类项目都属于这一范畴，孩子的空间感可以通过类似体验自然掌握。

折纸游戏的价值

通常人们认为，玩积木或者折纸游戏对于培养孩子的空间感十分有益。"来，跟爸爸妈妈一起做折纸游戏！"这种手把手教育的方式，其实取得的效果并不理想。

我想推荐的方法是，让孩子多观察折法方法说明，这对于培养孩子的空间感是相当不错的。

观察平面上的折法方法说明，在头脑里想象出将要呈现的形状，进行推理和联想，这种训练能有效培养孩子的空间感。女儿小时候也是根据折法说明图示进行折纸游戏的。按照上面的图形说明，她能灵巧地折出挂件、老虎等各种手工作品。现在想来，女儿热衷的这些游戏，都为培养她的空间感发挥了积极的作用。

有些妈妈可能会问："组装机器人，是不是对培养空间感也十分有益呢？"其实，机器人玩具虽然也有组装步骤说明书，但是它却不同于立体效果图。而积木或者折纸，全程都需要观察立体效果图，孩子一边在头脑里想象出成品的大概轮廓，一边动手操作。所以说，机器人组装步骤说明书，无非是哪个部件安装在哪个位置的简单指示图，它对孩子空间感的培养并不能与立体效果图相提并论。

在日常生活中的各个领域体验空间感，才是最自然最有效的。近年来，随着空间感的培养越发受到关注，一些培养空间感的专业教具也应运而生。但我个人认为，还是不要被市面上那些五花八门的教具迷惑为好。

养育之道

如何培养孩子的空间感

● 培养眼睛与身体的协调能力

如果让你闭上眼睛，试着把球踢到球门里，或者穿越障碍物，你肯定会直摇头，觉得在这种状态下恐怕连走路都会成为问题。在行动之前，我们需要把眼睛观察到的信息传递给大脑。可以说，我们从事的所有活动几乎都是眼睛与身体的"协同作战"。相比于成年人，孩子在这方面的协调能力会稍差一些，所以即便是看着眼前的球也会扑空。对他们来说，即便是穿衣服和用勺子吃饭，也会显得有些笨拙。如果在日常生活中给予孩子足够的机会，让他们自己独立练习，对于培养孩子眼睛与身体的协调能力将会十分有益。具体来说，可以尝试用积木拼搭立体图形、沿虚线画图、填色等练习。

● 背景与图形

假设一个孩子在操场上学习拍球。想要把球技练得娴熟,他就必须抛开嘈杂的操场环境,专注于手里的球。而对于身边玩耍的伙伴、攀登架、双杠等体育器械,以及朋友的喊叫声等,他统统都要加以屏蔽。对于与拍球无关的因素他不去理会,避免自己被周围的环境干扰。

将其应用到数学领域,就好比是在复杂背景中寻找特殊图形。那些隐藏的图形、七巧板、六形六色积木、找不同等游戏,对于背景和特殊图形的认知十分有益。

● 了解形状和大小的恒存性

随着视线角度和位置的变化,对被观察物体的印象也会有所不同。事实上,物体形状和大小并没有发生变化。这种属性被称为"形状与大小的恒存性"。

3 在生活中耐心启发数学思维

例如，远处的篮球看着像棒球一样小，其实篮球比棒球大得多。想让孩子了解形状与大小的恒存性，可以把 3 个以上的图形按照体积大小来摆放，或者根据远近法来摆放，然后进行比较。

● 在空间中确认位置

和孩子面对面，喊出游戏口令："举起左手！"当你举起左手时，和你面对面的孩子可能会突然举起右手。这是因为孩子还没有正确认识到镜像关系。看镜子里的自己做动作，或者和妈妈面对面进行"左手右手"游戏，这些活动对于孩子准确地了解方位和镜像关系会有很大的帮助。

● 认识空间关系

在数学课上我们曾学过"全等"概念。不管是进行平行或对称移动，还是进行旋转，图形都是恒等不变的，即"全等"。要认识到这一点，就需要具备对特定空间中的对象进行相互联系和比较的能力。

为了培养孩子的这种能力,最好是对两个以上的对象进行比较,寻找他们的相同点和不同点。可以选择两支形状相同而颜色不同的牙刷,或者两只纹路、长短、颜色各不相同的袜子进行比较,并说出具体差别。根据地图、地铁线路,查找距离目的地最近的路线方案,也是不错的练习方法。在这些小游戏中,孩子可以对出发地和目的地的位置进行比较,思考二者的联系。另外,参照成品的立体效果图拼搭积木,连接虚线,画一幅直角六面体展开图,都是很好的练习方式。

● **培养孩子的视觉辨别力**

视觉辨别力,是指不受地点位置的限制,能够对两个物体的相同点和不同点进行辨别的能力。想要提高视觉辨别力,就需要具备对已知方案进行分析,再对其逐一比较的逻辑推理能力。其中的关键是让孩子学会自己领悟。从众多物体中,寻找不同的那一个,或者寻找相同的一组,这些游戏都值得一试。

3 在生活中耐心启发数学思维

我们也可以利用面值不同的几枚硬币、形状各异的几颗纽扣，再加上两颗完全相同的纽扣，分别进行比较。从若干颗骰子中，找出点数不同的一颗或点数完全相同的两颗，这些游戏都能激发孩子的参与热情。具体操作方式可随意发挥。

● **培养视觉记忆力**

所谓视觉记忆力，是指把看到的某个物体短暂地记在脑海里，随后转移视线，这时我们仍然能够凭借记忆准确地描述该物体的特征，并根据它的主要特征联想到其他具有相关特性的物体的能力。为了培养孩子的这种能力，可以让孩子先观察某个图形，再根据记忆将图形画下来。也可以把几件玩具摆放在架子上，让孩子观察它们的摆放位置后拿走玩具，随后让孩子凭借记忆力按照原来的顺序再重新进行摆放。或者让孩子观察几个图形后遮盖其中一个，让孩子凭借记忆画出被遮挡的图形，这些都是培养记忆力不错的训练方法。

要想学好数学，复习比预习更重要

先行学习的美丽陷阱

我们夫妻在孩子教育方面几乎不存在意见分歧，妻子相信我，我也尊重和支持妻子的意见。不过，在女儿即将升入中学时，我们第一次为孩子的教育问题发生了争执。当时，我们没有为女儿请过家教，也没报过什么培训班，大概是这一点让妻子感到了不安。"别的孩子已经学完初一的全部课程了，女儿现在什么也不学，学习跟不上怎么办？"听完妻子的唠叨，我告诫她再也不要提这件事，因为我从不认为孩子没有先行学习，就会导致成绩跟不上。

3 在生活中耐心启发数学思维

妻子以前是小学教师,是一位特别明智的妈妈,但面对女儿的教育问题时,偶尔也会乱了阵脚。当然,妻子的担心也不是没有道理。虽说女儿成绩一向很好,但周围的孩子都去培训班提前学完了初一的全部课程,她心里感到焦急也是正常的。

其实同样感到不安的不只是妻子。记得那是女儿上中学一年级时发生的事情。有一天,女儿放学回来说:"我们班的同学都已经学完初二数学了,现在正在学初三课程呢。"我问孩子是否羡慕那些同学,女儿虽然摇头,但还是一副很泄气的样子。于是我又问道:"那他们的数学成绩是不是比你好呢?"女儿这才笑了笑说:"不是。"

对于家长来说,先行学习的诱惑很难抗拒。他们深信依靠先行学习至少可以领先同龄人一两年。也有家长危言耸听,说什么别人都在先行学习,自己不学习肯定要落后于别人。那么,这个先行学习的美好设想背后隐藏着怎样的内幕呢?

数学教育家理查德·斯肯普(Richard Skemp)将人类

的思维理解分为"关系性理解"与"工具性理解"。"关系性理解"指对概念或原理有深刻的认知理解，而"工具性理解"是指能够根据相关公式得出答案，但并未真正理解其原理的情况。

先行学习很有可能造成孩子对知识的理解只停留在"工具性理解"阶段，而非"关系性理解"。 众所周知，先行学习追求的是速度，因此授课方式主要是围绕解题技巧进行反复训练，以便短期内提高成绩，所以教师不可能给孩子足够的独立思考时间。授课模式则是"套上这个公式去答题"，而不是"你自己想一想怎么解答"，这就是两者的区别。乍一看孩子得到了不错的成绩，但维持不了多久。由于不懂原理和概念，稍微换一个题型孩子就无法解答了。

更大的问题是孩子将渐渐失去自主学习的习惯。 学习的关键在于自觉主动，而不是依靠别人督促，但先行学习的孩子因为始终都由教师或家长牵引学习，所以自主性较差，甚至有些孩子干脆不懂学习方法。

有的家长承认"过度"地先行学习并不好，觉得学习进度向前赶一两年也不可取，但仍旧主张利用假期先行学习下一学期的课程，认为这有助于提高孩子的学习成绩。我的观点完全不同。无论是一年还是半年，抢在正常教学进度前学习就是过度的先行学习。

没有哪个父母会给刚出生的婴儿喂辅食。因为他们清楚宝宝的消化器官尚未发育完全，吃辅食肯定会引起消化不良。学习亦是如此。孩子要完全消化新知识需要一定的时间，但如果不给予他们充足的时间去反刍消化，一味地追求速度和数量，总有一天会出问题。

好好复习的重要意义

"怎么做才能使孩子成绩优异呢？"先行学习只是个美丽的陷阱，我认为唯有好好复习才是最佳答案。

相比复习，更多的人会推荐预习，其实我并不这么认为。所谓预习是指提前学习下一节课要学习的内容，它与先行半年学习课程还是有很大区别的，若系统地预习肯定会对学习有益。问题是孩子的学习时间有限，预习与复习很难两者兼顾，尤其是让一个小学生既做预习又做复习，太过残忍。这分明就是让孩子放学回家就坐在书桌前复习，之后再接着预习，一点自由时间都没有。由此抛出了一个问题，那就是应该选择预习还是复习？答案肯定是复习，而非预习。

教育家埃里克·詹森（Eric Jensen）主张，在教授孩子新知识时，整个授课时间的10%要用于旧知识的导入，30%用于讲解新知识，50%用于帮助学生理解与消化，最后的10%用于总结整理。詹森主张留给孩子消化的时间要比教师授课的时间更长，是有一定道理的。孩子们必须有充足的时间回顾所学内容，才能准确理解新知识并加以应用。孩子越小越是如此。

其实，一个班里有一半以上的孩子是无法完全理解当天所学内容的，这并不是孩子不够聪明，而是知识的理解和消化本身就需要一个过程。在这种情况下还让孩子去先行学习或提前预习，一味地要求加快速度向前跑，会有什么样的结果呢？那些未能完全理解的内容将会变成前行中的绊脚石，让孩子一路磕磕绊绊、吃尽苦头。

而复习就是为孩子修整跑道，能够帮助孩子消化和吸收已学内容，进而达到透彻地理解。而且复习是为下一节课的内容夯实基础，有利于理解、接收新知识。这完全不同于让人感到压力的课前预习，原因是课后复习的是已学内容，所以相对而言会多一些趣味与快乐。前面我曾讲过为了让孩子喜欢上数学，应该让其尝到"解题的快乐"，而这种快乐在复习过程中往往更容易获得。

若想利用假期为孩子补习数学，与其先行学习下学期的知识，不如补习上学期的薄弱环节。放学回家后也是同理，与其让孩子预习第二天的学习内容，不如仔细整理一下当天学过的内容。

当然，如果孩子希望拓展学习、提高技能，家长也无须阻拦，而应当给予称赞。但如果孩子并非因为好奇而主动翻看后面的内容，那么家长就不要再逼迫了，因为这时的预习效果远不如复习。

耐心等待是一种养育智慧

"比别人更快"并没有什么了不起,学习比拼的是"比别人理解得更透彻更深刻"。与其一味地向前奔跑,不如通过反复复习、回顾,充分消化吸收,这样的知识才能够真正掌握得牢固。

关于各种数学教育方法，其中的真实与谎言

能熟练背诵九九乘法表的就是天才？

大九九乘法口诀曾在韩国风靡一时。这是由于民间一直在流传，IT强国印度的小学生对于大九九乘法口诀（19×19的乘法口诀表）都能够倒背如流，因此韩国的一些家长也开始按捺不住了。于是社会上传授大九九乘法口诀的各种教材与教具也铺天盖地袭来。电视媒体也不甘示弱，经常制作相关节目，比如邀请流利背诵大九九乘法口诀的孩子们登台表演。后来，甚至还有人创建了"大九九乘法口诀背诵示范学校"。人们热衷于大九九乘法口诀的程度可见一斑。

耐心等待是一种养育智慧

大九九乘法口诀的拥护者们认为背诵大九九乘法口诀能提高孩子的计算能力，面对大数值也能应对自如，进而增强孩子学习数学的自信心。那么事实果真如此吗？其实，在我们的生活中，利用大九九乘法口诀运算的机会并不多，像246×487这样的计算根本用不到大九九乘法口诀。面对大数值怎么可能应对自如？孩子们接触的数值，又能大到什么程度呢？其实，在平时的数学能力测试题中也很少有超过三位数的计算题。要说它能增强孩子对数学的自信心，这是不可能的。它反而会导致孩子对数学失去兴趣，使他们产生数学就是背诵、数学就是计算的偏见。

而且，大家都误认为印度先进的信息通信技术与世界公认的强大的数学实力都得益于大九九乘法口诀。实际原因并不是这样的，而是印度对数学的高度重视为孩子们营造了争相背诵大九九乘法口诀的学习氛围。

总之，让孩子被动地去背诵大九九乘法口诀是一种费时费力的做法。不仅如此，背诵大九九乘法口诀反而会阻碍孩子数学思维能力的养成。 假如我们要计算18×18，通过大九九乘法口诀马上就能得出18×18=324。而换一种思

3 在生活中耐心启发数学思维

路，将 18×18 改为 18×（20-2）进行计算，那么就能得出 18×20=360，18×2=36，所以 360-36=324。请问，这两种方法哪一个更具有数学意义呢？

大九九乘法口诀的热潮正好折射出了人们刻在骨子里的"擅长计算，才能学好数学"的偏见。之前我也曾反复强调，计算只是数学的一部分。请记住，创意力与解题能力比计算能力更为重要，年级越高，越是如此。

学龄前就要开始做数学练习册？

在小学入学前，家长们通常都会让孩子提前学习课本知识，于是密密麻麻的运算本就成了最基本的标配。后来又有人主张创意力比计算能力更为重要，于是又出现了创意力习题练习。甚至我的某位担任数学教授的同事也在让孩子做此类练习册。他的逻辑是，既然别人家的孩子都在做，如果只有自己的孩子没有做，他实在是心里不安，他的话让我哭笑不得。我打趣说:"你这样做岂不是自己手里握着地图,却向盲人问路吗?"

我坚决反对让学龄前的孩子做《每日一练》这样的练习册,有人说那是因为我不懂市场行情,不了解现在的练习册设计得多么高雅精致。是的,说实话我确实从未认真研究过近年来市场上的练习册,因为我认为《每日一练》的内容再好,做练习册这件事本身都是弊大于利的。

从上小学开始,无论孩子是否愿意,他们都要养成端坐书桌前学习的习惯。作为前辈,我们十分清楚这有多么痛苦。那么,为什么在入学前就要让孩子提前体验这种痛苦呢?有的家长说是为了培养孩子良好的学习习惯。不过,孩子起步早并不意味着就能够获得良好的效果。孩子的学习习惯在小学一年级时去培养也完全来得及。起步过早,只会让孩子产生厌学心理,最终适得其反。

况且,《每日一练》也会给家长和孩子带来一定的思想压力。一天也不能落下,必须每天坚持去做,高投入必须换来高回报……这些想法都会变成一种心理压力。等到孩子上小学需要培养学习习惯时,这些压力反而会变成一种学习障碍。

当然,反复练习在数学课程中的重要性不可低估。上学期间为了复习已学内容,结合习题集有时候也是很有必要的,但没必要把它提前到学龄前。

值得一提的是,在日常游戏中长大的孩子比在书桌前长大的孩子学到的知识更丰富,智力发育也会更好。与其浪费时间和金钱给孩子做《每日一练》,倒不如为孩子多买一本课外书;有时间教孩子做练习册,不如多和孩子面对面交流和互动。如果家长真的希望孩子具有非凡的创造力,那么答案不在练习册上,而在我们的日常生活中。

想学好数学一定要参加奥数竞赛?

不让女儿在小学时参加任何数学竞赛,是我一直以来秉承的原则。而且,我也认为这是我作为数学教授爸爸最值得赞赏的一件事。

我平时经常参与数学竞赛选题工作，但并不赞成女儿参加，这是有原因的。数学竞赛通常都是按照比参赛者当前年龄高一两个年级的原则来出题的，难度很大。因此，若想参加竞赛并取得好成绩，必须要先行学习。而先行学习会让孩子疲惫不堪，进而产生厌学心理。

一些学习成绩优异的孩子也常常会陷入自卑自责当中：我是不是很笨，连这道题都做不出来。这会对孩子的自信心造成极大的打击。通常情况下，学习越努力，孩子自信心越强，但为了参加数学竞赛而进行的赛前魔鬼训练，反而使孩子对数学的信心骤减。而出现这种奇怪现象，只能说明先行学习过犹不及。

不仅如此，数学竞赛中有很多是孩子凭借自己的能力无法解决的难题。这时家长就不得不出面教孩子解题方法，要知道，数学其实是培养孩子思考能力的学科，而如果按照家长教授的方法机械地解题，又怎么能培养孩子的独立思考能力呢？

3 在生活中耐心启发数学思维

有不少家长为了让孩子参加数学竞赛,甚至把孩子送到数学竞赛培训班。我想,我们是不是应该以更冷静、更客观的视角去看待数学竞赛呢?**反复、机械的训练只会让孩子失去对数学的兴趣与自信,这是参加数学竞赛的赛前训练导致的必然结果。除非孩子对数学特别感兴趣,参加数学竞赛自然没有反对的理由,重要的就是孩子是否真的热爱数学。**

学习珠算,就能学好数学?

算盘是培养孩子珠心算运算非常有效的教具。假设我们用算盘计算 7 加 4,那么就应在十位上向上拨一个珠子,然后在个位档上减去 4 对 10 的补数 6,所得答案为 11。因此,长时间练习算盘自然就能熟练掌握补数概念。

那么,一定要去珠算培训班学习吗?我的回答是"不"。教小学一、二年级学生珠算无可厚非,但没必要送孩子去课外班学习。算盘和七巧板、拼图、魔方一样,只不过是让孩

子亲近数学的一种教具而已。 擅长七巧板，不一定数学学得好。同样，也没有人为了学好数学去专门学习七巧板，算盘亦是如此。我们可以把算盘当作一种智力玩具，但没必要报班学习。

有人说珠算学校教的心算方法对数学非常有帮助。那些在 0.5 秒内算出多位数混合运算的"心算王"也都证实，珠算是他们心算成功的秘诀。当然，珠算学校教的心算方法对孩子的某些能力的提升肯定会有一定的帮助。为了在脑海里拨动算珠进行运算，孩子需要具备高度的专注力与短期记忆力。但这些与数学思维并没有太大关系，心算速度快，并不意味着就能学好数学。

在家长中间流行的数学秘籍普遍都有着共同的特点，那就是标榜自己的方法是"学好数学的万能钥匙"。号称只要背诵大九九乘法口诀，只要学习珠算，只要做《每日一练》……就肯定能学好数学。**其实，世上根本不存在开启数学之门的万能钥匙，因此家长也不要徒劳地去寻找了。请相信孩子，耐心等待吧，让孩子自己寻找开启数学王国的神奇魔法。**

天才不是童年注定，笑到最后才是胜者

不必为现在的成绩单欢喜或忧愁

德国的高斯是与阿基米德、牛顿齐名的三大数学家之一，被称为"数学之王"。在他上小学时，老师为了让吵闹的孩子们安静下来，有一次便出了一道数学题"1+2+3+4+5+……+99+100"。孩子们果然将注意力转移到计算上，一个个眉头紧皱、咬着铅笔头冥思苦想，不再嬉戏打闹，唯有高斯显得心不在焉。"你算出来了吗？"老师问道。高斯自信地点了点头，只见他的计算本上写着一行行数字，解题步骤简单明了。

（1+100）+（2+99）+（3+98）+（4+97）+……+（49+52）+（50+51）

=101×50

=5050

小小年纪就能想到如此具有创意的计算方法，高斯不愧是一个数学天才。高斯在回顾自己的童年时，也经常开玩笑说，"我在学会说话前就已经学会计算了"。

不过，并不是所有载入史册的伟大数学家都是"神童"。电影《美丽心灵》的主人公原型约翰·纳什儿时孤独内向，他是在升入高中以后才开始在数学界崭露头角的。再说说爱因斯坦，他小时候特别讨厌背诵，连九九乘法口诀都是费尽周折才学会的。对于老师的提问他也总是慢吞吞的，对于不喜欢的科目他干脆看也不看。

从儿时的纳什与爱因斯坦身上，我们丝毫看不到优等生的影子。虽然两人的专注力与观察力超强，而且特别热衷于思考，但在普通人眼里他们只是差生、捣蛋鬼。爱因斯坦的希腊语老师甚至恶意中伤他"将来必定是个一无是

3 在生活中耐心启发数学思维

处的废人"。

但20岁以后,他们迎来了人生的转折点。纳什的数学才能得到了世人的肯定,被普林斯顿大学顺利录取,并在之后的10年里创造了惊人的成就,被世人称颂为"20世纪后半期最受瞩目的数学家"。爱因斯坦在成名前只是一名再平凡不过的知识产权局职员,26岁那年他发表了狭义相对论,举世震惊。

纳什与爱因斯坦成功甩掉了"差生"帽子,蜕变为伟大的数学家。而我们周围更多的是类似神童方仲永的例子,他们小时候天资聪颖,长大后却沦为平庸之辈。

在大学任教期间,我曾给研究生们布置过辅导学生的教学课题。其中一名学生提交的报告是关于他辅导同村一个高中生的经历。那名高中生数学成绩一塌糊涂,对学习似乎也失去了兴趣,上课专注力很差,完全不在状态。但是,我的学生在和他母亲交谈时发现了一件惊人的秘密——那名高中生曾荣获小学数学竞赛冠军。

无独有偶，一位大学教授的儿子也有类似经历。教授的儿子4岁时便能轻松地进行微积分运算，于是这位"数学神童"一度成为社会热门话题，广受追捧。如今光环褪去，他还是回归了平凡的生活。

人们都说"天才从小就能看出来"，但想想纳什与爱因斯坦，还有我们周围的"神童出身的庸才"，你就会明白这句话并不完全正确。我倒觉得，"路遥知马力""笑到最后的才是胜者"才是至理名言。因此，**作为家长，完全不必为孩子今天的成绩单欢喜或忧愁。其实，通过后天的不懈努力，孩子完全可以成为那个笑到最后的人。**

比赛尚未开始

韩国人凡事都喜欢快一点儿。也许正因为如此，在孩子的教育问题上，家长们也希望尽快决一胜负。仿佛在孩子成长过程中若没有听到一两句"天才""神童"的称赞，就觉

3 在生活中耐心启发数学思维

得孩子的整个人生都是失败的。一些家长仅凭一张小学成绩单就急于预测孩子的未来。

是不是小学成绩单真的就能反映孩子的全部潜力？其实小学成绩大多数情况下都是临阵磨枪，不快也光的效果，妈妈只要在考试前一天晚上带孩子复习三四个小时，第二天的成绩肯定不会差。选一些易考题，教孩子一些解题要领，成绩也不会太差，所以这些成绩都含有揠苗助长的成分。而这种效果持续不了多久，到了小学高年级便发挥不了什么作用了。

不久前，我偶然在电视上看到日式厨师的培训过程。一个拥有 3 年实习生经历的男子连活鱼都没有碰过，因为他每天除了刷碗，就是磨刀。据说想要达到料理鱼生的水平，至少要经历 5 年实习生活。

那么，刚刚入门就教其料理鱼生的方法，又会是什么结局呢？也许提前 5 年就能出徒吧。但如果有人让我从具有 5 年实习生经历的厨师与根本没有实习生经历的厨师所做的寿司中做出选择，我肯定会选择前者。因为我相信前者在 5 年时间里肯定耳濡目染地积累了不少经验，而且对待料理与客人的心态也会有质的不同。

小学阶段就如同日式厨师必须经历的实习生阶段一样，不是在学习技术或要领，而是在修炼心态，为之后的学习打基础。具体来讲，就是培养正确的学习习惯与自主思考能力。

自主思考与主动学习的习惯并非一蹴而就，也无法起到立竿见影的效果。但有时走一些弯路，也许能更快地到达终点。思考能力与学习习惯会伴随孩子一生，会成为孩子最宝贵的财富，无论孩子做什么事，都能发挥其无穷的潜力。

在这本书里，我通过大量的小故事来讲述激发孩子数学兴趣的各种方法。归根结底就是想告诉大家，要想将孩子培养成具有自主思考能力与正确生活态度的人，抓住孩子10岁前这一段黄金期极为重要。我一再强调童年时期的重要性，并非因为学习成绩，而是因为这期间正是培养孩子这种能力的关键时期。

有人说在小学阶段的学习成绩如果无法名列前茅，那注定要面临学业失败,并建议可以为孩子选择培训学校、家教、先行学习等学习方式。我觉得这种言论简直是无稽之谈。相比于那些通过培训班或家教只掌握了解题要领的孩子,平时拥有足够独立思考机会的孩子更有后劲儿,他们在小学高年级段或一旦升入中学就会开始崭露头角。所以说,小学成绩证明不了什么,真正的比赛还没有开始。

附录 1

把握孩子的黄金期，
培养十大关键能力

作为一个数学教育工作者和父亲，对于子女教育的观点我已在前面强调过了。下面，我从文中选取了十大关键能力的培养目标。你不必家境殷实，也不必智力超群，只要你信任孩子，都值得认真实践。

> ☐ **独立思考能力**
> 独立思考能力，是一个人在人生之路上一往无前的原动力。有了独立思考能力，我们就能在面对人生

之路上遭遇的各种各样的困难时，审时度势渡过难关。在学习领域，善于独立思考的孩子，会在升入高年级之后逐渐崭露头角。为了培养孩子的独立思考能力，建议家长在日常生活中及时捕捉恰当的时机，适时地向孩子问"你的想法如何""为什么会这样呢"等问题。

☐ 数学思考能力

孩子在努力探寻答案的过程中，会在脑海中反复思考和琢磨。这些尝试，对于培养孩子的逻辑思维和创造力非常有益。能够让孩子在解题过程中懂得从多角度去进行思考，摸索属于自己的策略，这样的话，孩子学好数学科目基本算是成功了一大半了。这种思考能力，并非只有在面对数学题时才会发挥作用，而是可以普遍应用于所有的学习领域乃至整个人生当中。

☐ 表达能力

同样的想法，表达方式不同，给人的感觉也完全不同。近年来，表达能力越来越受到人们的关注。越善于表达自己的想法，越能拓展思维的深度和广度。我们经常可以看到一些家长，他们满怀热忱甘做孩子的代言人。我想奉劝那些家长，哪怕是再简单的答案，都请给孩子自己表达的机会。家长应该懂得倾听孩子的心声，懂得适时地给予鼓励。

☐ 抗挫能力

每个人都会经历失败，但并非每个人都能克服失败。抗挫能力与风险管理能力，也可以通过训练来强化。有时候，家长应该学会在一旁安静地观察孩子如何处理挫败感。爱孩子并不意味着为他排除前方的一切障碍，家长要做的是，在孩子摔倒时给孩子自己站起来的机会，这才是更内敛深厚的爱。

☐ 求知欲

孩子如果是在被强迫的状态下学习的，只会琢磨如何才能消磨掉这段时间。善于自主学习的孩子，则懂得制定目标，并且按照目标一步步勤勤恳恳地去执行，为了实现目标全力以赴。这样的孩子，会懂得快乐地学习和享受成就感。拥有这种体验的孩子，即便是在长大后，也会对新事物满怀求知欲，并且努力做到最好。

☐ 丰富多样的亲身体验

经验差异，导致能力差异。实践和体验，是培养孩子思考力和好奇心的最好教材。家长应尽最大可能让孩子多接触世界，开阔眼界，多参加社会实践。让孩子在克服种种困难的过程中，一点点积累宝贵的经验，激发无穷的好奇心，让自己的求知欲始终如火焰一样熊熊燃烧。

☐ 良好的生活习惯

孩子良好的生活习惯可以转化为良好的学习习惯，并在成年后进一步升华为良好的自我管理能力和时间管理能力。事实上，具有良好生活习惯的人，有着更为健康稳定的身心状态。想要让孩子获得良好的生活习惯，家长首先要反省自身的生活习惯是否合理。

☐ 毅力和专注力

具有顽强的毅力和专注力的孩子，做任何事的成功概率都会更大。许多家长误以为，孩子的毅力和专注力是与生俱来的，其实不然。不急不躁的家长，懂得等待的家长，才能培养出具有毅力和专注力的孩子。即便孩子做事情看起来慢吞吞的，甚至笨手笨脚，家长也不要横加干涉和阻挠。孩子只有在独立完成了自己的工作时，才有可能获得成就感，由此逐步培养起自己的毅力和专注力。

☐ 独立能力

现在的孩子越来越娇气，家长则是恨不得为孩子倾其所有。但是家长的过度呵护，只能让孩子的独立能力越来越差。无论是家长还是孩子自己，都不应忽视一个事实：孩子总有一天要离开爸爸妈妈温暖的怀抱，独自去飞翔。如果家长能够懂得适时放手，那么孩子完全可以依靠自己的努力得到历练和成长。

☐ 游戏能力

玩耍可以提高孩子的身体协调能力、语言能力以及认知能力，培养解决问题的能力和表达能力、社交能力；释放压力，放松身心，感受快乐。给孩子换一套舒适的服装，让孩子在属于自己的空间尽情玩耍。相比于端坐在书桌前，孩子在玩耍的过程中能够体验和收获的东西会更多！

附录 2

适合不同年龄段孩子的数学游戏

表 5-1　适合不同年龄段的数学游戏

年龄	数学游戏	培养目标及注意事项
1 周岁	拼搭块数较少的拼图、积木	培养视觉辨别力及推理能力，让孩子了解图形的形状和属性
2 周岁	拼插类积木	参照立体效果图进行拼插，效果更好
	指着时钟认读时间	结合就寝、起床、用餐等孩子日常生活习惯，提醒孩子观察时钟指针
	沿虚线画图填色	可锻炼孩子手眼协调能力及空间感
	在众多相似物体中，寻找不同点	培养孩子的空间感，尤其是视觉辨别能力
	把物品放回原处	培养孩子的空间感，尤其是加强视觉记忆力
	从 1 数到 10	大于 10，不要盲目去尝试

耐心等待是一种养育智慧

续表

年龄	数学游戏	培养目标及注意事项
3周岁	花牌游戏	培养战略战术开发能力，培养独立思考能力
	照镜子，动一动。和妈妈面对面玩"左手右手游戏"	培养空间感
	读数字，写数字	1到10的读写。写的练习，不要勉强孩子
	认读整点时刻	激发孩子对时钟的兴趣，让孩子观察整点时刻指针的样子
4周岁	守恒概念	数、长度、宽度、重量、体积、容量等多种体验可同时进行，以此来激发孩子的求知欲
	加减法	小于10的加减法练习
	分数概念	在日常生活中使用"1/2""1/4"等术语表达
	掷椥游戏、纸牌游戏	培养孩子推理能力、解决问题的能力、独立思考能力及策略开发能力
5周岁	加减法	开始涉及大于10的加减法
	补数游戏	提高计算能力
	数到100	也可以同步进行倒数练习
	认读高位数	熟悉个位数、十位数、百位数、千位数
	乘除法	分组练习，通过3、6、9形式的游戏进行接触
	答案为负的减法	当孩子拥有了一定的减法能力时，可以尝试答案为负的减法。不要刻意去教授，应在合适的时机提供，给孩子思考的时间
	测量	估算、认读单位、理解守恒概念。运用实体测量工具练习
	小数认读	通过测量激发孩子的兴趣并提出疑问，再进行认读

附录 2　适合不同年龄段孩子的数学游戏

续表

年龄	数学游戏	培养目标及注意事项
6 周岁	折纸	参照立体效果图效果更佳
	查找隐藏图、七巧板、六形六色积木	培养空间感，尤其是对背景和特定图形的认知能力
	熟悉计数法	如果能够认读高位数，就可以进行
	看地图查找城市	只要能够识字，就可以进行
小学低年级	看地图找到最佳路线	培养概率、个案数、空间感知力、方向感、距离感、推理等认知能力
	研究家电产品	培养多维思考能力、解决问题的能力
	车牌号相加	车牌号的各数字相加

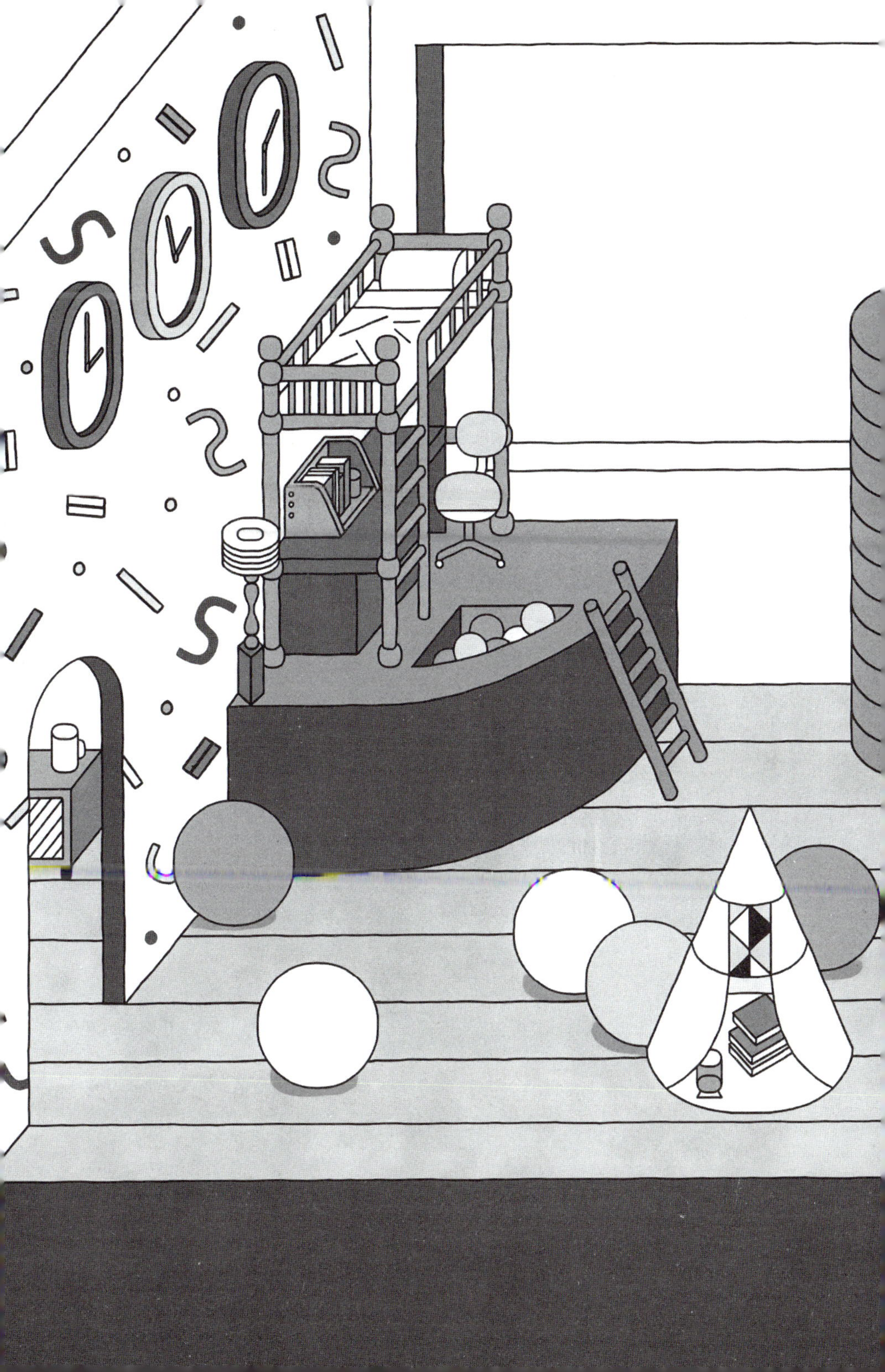

未来，属于终身学习者

我这辈子遇到的聪明人（来自各行各业的聪明人）没有不每天阅读的——没有，一个都没有。巴菲特读书之多，我读书之多，可能会让你感到吃惊。孩子们都笑话我。他们觉得我是一本长了两条腿的书。

——查理·芒格

互联网改变了信息连接的方式；指数型技术在迅速颠覆着现有的商业世界；人工智能已经开始抢占人类的工作岗位……

未来，到底需要什么样的人才？

改变命运唯一的策略是你要变成终身学习者。未来世界将不再需要单一的技能型人才，而是需要具备完善的知识结构、极强逻辑思考力和高感知力的复合型人才。优秀的人往往通过阅读建立足够强大的抽象思维能力，获得异于众人的思考和整合能力。未来，将属于终身学习者！而阅读必定和终身学习形影不离。

很多人读书，追求的是干货，寻求的是立刻行之有效的解决方案。其实这是一种留在舒适区的阅读方法。在这个充满不确定性的年代，答案不会简单地出现在书里，因为生活根本就没有标准确切的答案，你也不能期望过去的经验能解决未来的问题。

而真正的阅读，应该在书中与智者同行思考，借他们的视角看到世界的多元性，提出比答案更重要的好问题，在不确定的时代中领先起跑。

湛庐阅读App：与最聪明的人共同进化

有人常常把成本支出的焦点放在书价上，把读完一本书当作阅读的终结。其实不然。

时间是读者付出的最大阅读成本
怎么读是读者面临的最大阅读障碍
"读书破万卷"不仅仅在"万"，更重要的是在"破"！

现在，我们构建了全新的"湛庐阅读"App。它将成为你"破万卷"的新居所。在这里：

● 不用考虑读什么，你可以便捷找到纸书、电子书、有声书和各种声音产品；

● 你可以学会怎么读，你将发现集泛读、通读、精读于一体的阅读解决方案；

● 你会与作者、译者、专家、推荐人和阅读教练相遇，他们是优质思想的发源地；

● 你会与优秀的读者和终身学习者为伍，他们对阅读和学习有着持久的热情和源源不绝的内驱力。

下载湛庐阅读 App，
坚持亲自阅读，
有声书、电子书、阅读服务，
一站获得。

本书阅读资料包
给你便捷、高效、全面的阅读体验

本书参考资料
湛庐独家策划

- ☑ **参考文献**
  为了环保、节约纸张,部分图书的参考文献以电子版方式提供

- ☑ **主题书单**
  编辑精心推荐的延伸阅读书单,助你开启主题式阅读

- ☑ **图片资料**
  提供部分图片的高清彩色原版大图,方便保存和分享

相关阅读服务
终身学习者必备

- ☑ **电子书**
  便捷、高效,方便检索,易于携带,随时更新

- ☑ **有声书**
  保护视力,随时随地,有温度、有情感地听本书

- ☑ **精读班**
  2~4周,最懂这本书的人带你读完、读懂、读透这本好书

- ☑ **课　程**
  课程权威专家给你开书单,带你快速浏览一个领域的知识概貌

- ☑ **讲　书**
  30分钟,大咖给你讲本书,让你挑书不费劲

湛庐编辑为你独家呈现
助你更好获得书里和书外的思想和智慧,请扫码查收!

(阅读资料包的内容因书而异,最终以湛庐阅读App页面为准)

Copyright © 2021 Jeon Pyung Kook（全平國）
All Rights Reserved.
This Simplified Chinese edition was published by Cheers Publishing Company in 2023 by arrangement with Longtail Books Inc. through Arui SHIN Agency & Qiantaiyang Cultural Development (Beijing) Co., Ltd.

本书中文简体字版经授权在中华人民共和国境内独家出版发行。未经出版者书面许可，不得以任何方式抄袭、复制或节录本书中的任何部分。

著作权合同登记号：图字：01-2023-1937 号

版权所有，侵权必究
本书法律顾问　北京市盈科律师事务所　崔爽律师

图书在版编目（CIP）数据

耐心等待是一种养育智慧 /（韩）全平国著；李桂花译 . -- 北京：中国纺织出版社有限公司，2023.6
　ISBN 978-7-5229-0501-3

　Ⅰ . ①耐… Ⅱ . ①全… ②李 Ⅲ . ①家庭教育－经验－韩国 Ⅳ . ① G789.312.6

中国国家版本馆 CIP 数据核字（2023）第 062991 号

责任编辑：刘桐妍　　责任校对：高　涵　　责任印制：储志伟

中国纺织出版社有限公司出版发行
地址：北京市朝阳区百子湾东里 A407 号楼　邮政编码：100124
销售电话：010—67004422　传真：010—87155801
http://www.c-textilep.com
中国纺织出版社天猫旗舰店
官方微博 http://weibo.com/2119887771
天津中印联印务有限公司印刷　各地新华书店经销
2023 年 6 月第 1 版第 1 次印刷
开本：880×1230　1/32　印张：8.25　彩插：1
字数：114 千字　定价：89.90 元

凡购本书，如有缺页、倒页、脱页，由本社图书营销中心调换